자발적 노예론

우리 시대의 자화상

에티엔 드 라 보에시 지음 | 조경식 옮김

북&월드

역자 서문

에티엔 드 라 보에시Étienne de La Boétie(1530-1563)는 프랑스의 작가, 시인, 법률가이며 정치 철학자입니다. 라 보에시는 프랑스 르네상스 시대의 중요 인물 중 한 명입니다. 라 보에시는 1530년 프랑스 남서부의 사를라Sarlat에서 태어났습니다. 그는 보르도 대학에서 법학을 전공했고, 인문학과 고전에도 깊은 흥미를 갖게 되었습니다. 그 후 판사로 일했으며, 특히 보르도의 의회에서 중요한 역할을 맡았습니다. 그는 미셸 드 몽테뉴와의 깊은 우정으로도 유명합니다. 몽테뉴는 나중에 그의 『에세』에서 라 보에시를 '완벽한 친구'로 묘사했습니다. 라 보에시는 32세의 젊은 나이에 사망했습니다.

이 글은 라 보에시가 젊은 시절에 자유로운 사고와 도전의 사회 분위기 속에서 거침없이 써 내려간 에세이입니다. 격문에 가까운 그의 글은 은유와 비유가 많고, 다소 현학적이기도 합니다. 그러나, 그의 글은 기존의 사상과 문화를 새롭게 바꾸고자 하는 시대의 열망을 담고 있으며, 이를 위한 지적 탐구와 당시로서는 매우 도전적인 사상을 펼치고 있습니다. 그의 대표작인 『자발적 노예론Le Discours de la Servitude Volontaire ou Le Contr'un』는 그가 18세였던 1548년 무렵에 작성된 것으로 추정됩니다. 원제목에서 "Discours de la servitude volontaire"은 '자발적 복종(노예)에 대한 담론'이라 해석할 수 있습니다. 저는 여기서 말하는 자발적 복종이 개인의 자유 의지 상실에 근거한다는 점에서 "자발적 노예론"으로 제목을 붙였습니다. 생전에 발표되지 않았던 이 글은 그가 사망하고 13년이 지난 뒤에, 1576년 프로테스탄트 목사 시몬 고랭Simon Goulart이 처음으로 출간합니다.

저자는 그리스·로마 신화와 역사 등에 풍부한 지식을 갖고 있었으며, 당시 롱사르 등 라 플레이아드 회원과의 사상적 교류와 친밀한 관계는 이 글 곳곳에 나타납니다. 이 글에서 라 보에시는 프랑스 르네상스 시대에 종교적 독선으로부터 자유로운 사고의 추진, 그리스와 로마의 역사에 대한 새로운 해석, 당대의 시인·사상가들에 대한 활발한 논의와 재평가를 통하여 이 사회를 어떻게 변화시킬 것인지에 대해 화두를 던집니다.

그리고 그는 왜 소수의 지배자가 다수의 피지배자로부터 복종을 받을 수 있는지, 그리고 사람들이 어떻게 그러한 상황을 받아들이게 되는지를 탐구합니다. 더 나아가 그는 권위에 대한 복종의 본질과 권력의 정당성에 대해 질문합니다. 권력이 피지배자들의 동의에서 비롯된다고 주장하며, 따라서 사람들이 복종을 거부하면 어떤 폭군도 그 권력을 유지할 수 없다고 말합니다.

라 보에시의 사상은 권위에 비판적으로 접근하고 개인의 자유를 강조하여 후대의 많은 사상가에게 영향을 미쳤습니다. 그의 저서는 권력의 정당성과 복종을 선택하는 개인에 대한 현대적 논의에 중요한 기초를 제공했습니다. 특히 자유주의와 민주주의 이론에 큰 영향을 끼쳤으며, 시민 불복종과 비폭력 저항의 당위성을 주장하는 데 기초적인 텍스트로 여겨집니다. 라 보에시의 사상은 권위에 도전하고 개인의 자유와 책임을 강조하는 현대 정치 철학의 발전에 중요한 기여를 했다고 볼 수 있습니다.

짧은 에세이지만, 라 보에시는 폭군의 권력이 어떻게 형성되고, 사람의 심리를 조종하며 후대에 연결되는지를 다양한 사례를 통하여 말하고 있습니다. 그리고 자유의 중요성과 자유에 대한 의지의 필요성을 이야기합니다. 세월이 흘렀음에도 라 보에시의 역사 인식과 자유를 향한 울림은 오늘날까지 많은 영감을 던져주고 있습니다.

이 책을 접하게 된 것은 프랑스의 사회학자인 에마뉘엘 토드Emmanuel Todd가 러우 전쟁과 관련한 인터뷰에서 'NATO(북대서양조약기구)가 미국의 자발적 노예 상태에 있다'고 표현한 것을 들으면서부터입니다. 영어로 번역된 내용을 보면서 우리말로 옮겨야겠다고 생각하고, 프랑스 원문과 일본 번역서를 함께 구해 읽으면서 시대를 앞서간 열혈 청년인 라 보에시의 사상이 지금도 유효함을 느끼게 되었습니다. 그리고 이 책을 통해서 우리 사회가 가진 다양하고 절박한 문제를 반추해 보고 싶은 마음도 컸습니다.

역사는 반복됩니다. 똑같지는 않아도 대체로 그렇습니다. 지나온 역사에서 우리가 교훈과 지혜를 얻고자 하는 것은, 인간과 사회가 부딪히는 문제가 여전히 현재 진행형이기 때문입니다. 선형적인 진보는 없습니다. 시대를 꿰뚫고 과감하게 도전하는 라 보에시의 글이 한국 사회의 역동성을 찾아 나가는 데 조금이라도 도움이 되었으면 합니다.

라 보에시의 동상(사를라Sarlat)

라 보에시의 생가(사를라Sarlat)

출처: 위키미디어 커먼스

차례

1부

사람들은 왜 폭군에 복종하는가?

1장
다수가 한 사람의 노예가 되는 이상한 현상

"나는 여러 군주를 갖는 것이 좋지 않다고 생각합니다.

한 사람만 주인이 되고, 한 사람만 왕이 되게 하십시오."

호메로스[1]Homer는 이 말을 율리시스Ulysses의 입을 통해 사람들에게 전합니다. 만약 그가 "여러 군주가 있는 것이 좋지 않다고 생각한다"는 말만 했다면, 그것으로 충분했을 것입니다. 그는 여러 사람의 통치가 좋지 않다고 주장하면서 더 논리적으로 말했어야 합니다. 단 한 사람의 힘이라도 군주(지배자)라는 칭호를 얻으면 그 권력은 남용되고 비합리적으로 변하기 때문입니다. 그렇지만 그는 오히려 이렇게 덧붙입

---

1) 호메로스는 현존하는 고대 그리스어로 쓰인, 가장 오래된 서사시 『일리아스』와 『오디세이아』의 저자로 알려져 있다. 율리시스(고대 그리스 신화에 나오는 오디세우스의 로마식 이름)는 오디세이아의 주인공이다. 그는 목마를 만들어 트로이를 정복한 영웅으로 지혜로운 자로 불린다.

니다. "한 사람만이 지배자가 되게 하고, 한 사람만이 왕이 되게 하라."

위급한 상황에서 반란을 진압하기 위해 이렇게 말할 수밖에 없었을 율리시스를 비판할 필요는 없습니다. 아마도 율리시스는 진실보다는 상황에 맞는 언어를 택했을지 모릅니다. 하지만 이성에 비추어 볼 때, 한 주인의 손짓과 부름에 따르는 것은 커다란 불행입니다. 그가 친절할 것이라고 확신할 수도 없거니와, 그에게는 원할 때마다 잔인하게 행동할 수 있는 힘이 있기 때문입니다. 그래서 여러 주인이 있다는 것은 주인 수만큼 더 불행해지는 일이라고 말할 수 있습니다.

'공화정이 군주제보다 나은가'는 이미 수없이 논쟁하여 온 질문입니다. 여기서 논의하고 싶지 않지만 만일 해야 한다면, 여러 정부 형태 가운데 군주제가 차지하는 위치를 논하기 전에, 군주제가 그 안에

속하는지 여부를 짚어 보고 싶습니다. 왜냐하면 모든 것이 한 사람에게 속해 있는 군주제에서 공공의 것이 있다고 보기는 어렵기 때문입니다. 이 질문은 논의할 가치가 있으나 정치적 논쟁을 유발할 수 있으므로 다른 시간에 이야기하는 것이 좋겠습니다.

지금은 어떻게 이렇게 많은 사람, 많은 도시, 많은 국가가 때때로 아무런 힘이 없는 한 명의 폭군 아래서 고통을 받는지 이해하고 싶습니다. 이 폭군은 그들이 주는 권력 외에 다른 힘이 없습니다. 폭군은 그들이 견디는 만큼만 그들에게 해를 가할 수 있으며, 그들이 그를 '부정하는 대신 인내하기'를 선택하지 않으면 절대로 그들을 해할 수 없습니다. 이것은 정말 놀라운 일입니다. 오히려 너무나 흔해서 슬플 정도입니다.

수백만 명의 사람들이 비참한 노예가 되어, 머리 위에 굴레를 쓰고 있는 것을 보게 됩니다. 그것은 강한 힘으로 그들에게 강요된 것이 아니라 마치 마법에 걸린 것처럼 오직 한 사람의 이름에 사로잡히는 것입니다. 그는 혼자이므로 그들이 두려워해서는 안 될 사람이고, 그들 모두에게 무자비하고 잔인하여 사랑해서는 안 될 사람이기 때문입니다.

그러나 이것이 인간의 약함입니다. 강제로 복종해야 하고 시간을 벌어야 하는 상황에서, 그들은 항상 가장 강할 수는 없습니다. 그러므로 아테네 시를 서른 명의 폭군[2]이 지배했던 것과 같이 전쟁에 의해 한 국가가 한 사람의 세력에 종속된다면, 국가가 복종하는 그 상황을 안타까워할 필요가 있습니다. 놀라거나 원망할 것이 아니라, 그 악을 참으면서 더 나은 미래를 기다려야 합니다.

---

2) 기원전 404년에 스파르타와의 긴 전쟁(펠로폰네소스 전쟁)에서 패한 아테네를 8개월 동안 지배한 30명의 자치관으로 구성된 독재 정부가 있었다. 그들은 극도의 전제 통치를 보여주었기 때문에 도시의 사람들이 분노하여 그들을 몰아내었다.

사람과 관계 맺는 일은 우리에게 공통의 의무로 삶의 큰 부분을 차지합니다. 덕을 사랑하고 선행을 존중하며, 받은 은혜에 감사하고 때로는 불편을 감수하더라도 우리가 사랑하고 사랑받을 가치가 있는 사람들의 명예와 이익을 위하여 노력합니다.

그러니 만일 어느 나라의 주민들 가운데 드물게 훌륭한 누군가가 다른 이들을 지키는 대단한 예지력을, 그들을 방어하는 위대한 용기를, 그들을 다스리는 큰 신중함을 수차례 증명한다면 주민들이 그에게 무의식적으로 순종하고 어느 정도의 우월성을 부여하더라도 그것은 현명한 행동이라고 할 수 있습니다. 우리에게 선(善)을 베푼 사람에게 친절히 대하고 악(惡)으로 돌려받을까 두려워하지 않는 것은 자연스럽고 합리적인 일이기 때문입니다.

하지만, 선하신 주님! 이것은 어떤 이상한 현상인가요? 이 비참함을 어떻게 부를까요? 이 끔찍한 악은 무엇일까요? 무엇 때문에 무수히 많은 사람이 순종할 뿐만 아니라 비굴해지고, 다스림이 아닌 횡포를 당해야 할까요? 이 비참한 이들은 재산도, 부모도, 자녀도, 심지어는 자신의 생명조차도 그들의 것이라고 할 수 없습니다.

그들이 겪는 약탈과 방탕, 잔인함은 피를 흘리고 목숨을 바쳐야 하는 군대나 야만족 무리로부터 나오지 않습니다. 단 한 사람, 헤라클레스도 삼손도 아닌 작고 나약한 단 한 사람에게 당하는 것입니다. 그는 전쟁의 냄새를 맡거나 싸움 경기장의 모래를 밟은 적도 없으며, 남성들을 지휘할 능력도 없으며, 평범한 여자를 만족시킬 수 있는 능력조차 없습니다!

우리는 이것을 비겁하다고 해야 할까요? 순종하는 이들을 비천하다고 하거나 겁쟁이라고 부를 수 있을까요? 만약 두 명, 세 명, 네 명이 한 사람으로부터 자신을 방어하지 않는다면, 그 상황은 놀랄 만한 일일

지라도 그럭저럭 상상할 수 있을 것입니다. 그런 경우 용기의 부족을 의심하는 것이 타당하겠지요. 그러나 백 명, 천 명이 한 사람의 압제를 받는다면, 우리는 오히려 그들이 용기가 아니라 그에게 반항하려는 의지가 부족하다고 말해야 하지 않을까요? 그런 태도는 겁쟁이가 아니라 굴종이나 무관심을 나타내는 것이 아닐까요?

마지막으로, 백 명도 아니고 천 명도 아닌 백 개의 국가, 천 개의 도시, 백만 명의 사람들이 그들을 노예처럼 하대하는 사람에게 저항하지 않는 모습을 본다면 우리는 이것을 어떻게 설명할까요? 이게 비겁한 것일까요? 모든 악한 행위에는 넘을 수 없는 한계가 있습니다. 두 명이나 열 명이 한 명을 두려워할 수는 있지만, 천 명, 백만 명, 천 개의 도시가 한 사람에게 대항하지 않는 것은 비겁해서가 아닙니다. 그것은 한 사람의 용기만으로 성채를 점령하거나 군대를 섬멸하고 왕국을 정복할 수 없는 것과 같습니다. 이 거대한 악은 비겁하다는 말로는 설명할 수 없습니다. 자연 자체가 그것을 거부하고 언어는 그것을 이름 지어 줄 단어를 찾지 못합니다.

자유, 가장 소중한 가치

한쪽에 오만 명의 무장한 사람들을, 다른 한쪽에도 같은 수의 사람들을 배치해 보겠습니다. 그들은 자유를 지키려는 쪽과 자유를 빼앗으려는 쪽으로 나뉘어 싸우고 있습니다. 어느 쪽이 승리할까요? 당신은 어느 편의 사람들이 전투에 더 용감히 임할 것이라 생각하나요? 고통을 겪음으로써 자유를 지킬 수 있다고 기대하는 사람들일까요, 아니면 다른 사람들을 노예로 만드는 것만이 전투에 대한 보상이라고 생각하는 사람들일까요?

한쪽은 과거의 행복을 떠올리고 미래의 평온을 기대합니다. 그들은 전투 동안 겪는 짧은 고통보다는 패배했을 때 자신과 자녀와 후손이 겪을 고통을 생각합니다. 다른 한쪽은 용기를 부여할 무언가가 없습니다. 그들에게 용기를 부여하는 것은 위험 앞에서 사라지는 약한 탐욕뿐이며, 이 탐욕은 흘러나오는 한 방울의 피에도 쉽게 겁을 먹을 정도로 결코 강렬하지 않습니다.

2000년 전 밀티아데스[3]Miltiades, 레오니다스[4]Leonidas, 테미스토클레스[5]Themistocles의 유명한 전투는 역사 기록과 사람들의 마음속에 어제 일처럼 생생하게 남아 있습니다. 모든 그리스 병사들을 합쳐도

---

3) 기원전 489년에 사망한 아테네의 장군. 그의 활약상으로는 스키타이 원정, 렘노스·임브로스 섬 정복, 마라톤 전투(다리우스 1세가 밀티아데스에게 패배하였음) 등이 있다.

4) 기원전 480년 테르모필라이에서 사망한 스파르타의 왕. 크세르크세스에 맞서 300명의 충성스러운 스파르타 사람들과 함께 고개를 지키다가 숨졌다.

5) 기원전 460년에 사망한 아테네의 정치가이자 장군. 에게해 제도 원정을 지휘하고, 크세르크세스(Xerxes)가 이끄는 페르시아인들에 맞서 살라미스 해전을 승리로 이끄는 등 여러 성과를 거두었다.

적장의 수를 넘기지 못하는 상황에도, 소수인 그들에게 거대한 함대를 물리칠 힘이 아닌 용기를 준 것은 무엇일까요? 이 영광스러운 날들은 그리스 대 페르시아의 전투가 아닌 지배에 대한 자유의 승리, 탐욕으로부터의 해방이었습니다.

자유가 그것을 지키려는 이들의 마음속에 심어주는 용기에 관한 이야기들은 정말 대단합니다! 그러나 한 사람이 수십만 개의 도시를 억압하고 자유를 박탈하는 일은 매일 어디서나 일어납니다. 그것이 그저 소문이고 직접 보지 않는다면 누가 믿을 수 있을까요? 그리고 그런 일이 먼 곳에서만 일어나고 소식을 전해들을 뿐이라면, 누구라도 그 이야기가 순전히 날조된 것이라 믿지 않겠습니까?

2부

자유는 인간의 자연적인 권리

1장
자연이 준 선물, 자유

　자연으로부터 얻은 권리들과 그것이 가르치는 교훈에 따라 살아간다면 우리는 당연히 부모에게 순종하겠지만, 이성의 주체로서 누구의 노예도 되지 않으리라는 점에는 의심의 여지가 없습니다. 우리들 개인은 본능적으로 마음속에서 부모에게 순종하려는 충동을 느낍니다.

　이성(理性)이 우리 안에 타고나는 것인지 아닌지에 대한 문제는 학계에서 광범위하게 논의되고 모든 철학자가 논쟁해 온 주제지만, 우리 영혼 안에 자연적인 이성의 씨앗이 있다는 것은 틀리지 않다고 생각합니다. 좋은 조언과 좋은 본보기로 발달한 이 씨앗은

덕으로 꽃을 피우지만, 종종 악덕으로 질식해 발아하지 못합니다. 분명한 것은 하나님의 대리자이자 인간에게 은혜를 베푸는 자연이 우리 모두를 같은 방식으로 창조하고 같은 틀로 만들었다는 것입니다.

이는 우리가 평등하며, 더 나아가 형제임을 보여주기 위함입니다. 그리고 자연이 자신의 선물을 나눠줄 때 몸이나 정신의 일부 이점을 몇몇에게 더 많이 부여했을지라도, 자연은 우리를 전장에 내던진 것처럼 이 세상에 두고자 하지 않았으며, 숲속의 무장 강도들처럼 가장 강하고 능숙한 이들이 가장 약한 이들을 사냥하도록 여기에 보낸 것이 아닙니다.

이렇게 일부에게는 더 큰 몫을, 다른 이들에게는 더 작은 몫을 주면서 자연이 우리 모두에게 우정을 싹틔우고 실천할 기회를 주고자 했다고 믿는 것이 더 낫습니다. 왜냐하면 일부는 도움을 줄 수 있는 힘을 가지고 있지만, 다른 이들은 도움을 받을 필요가 있기 때문입니다.

그러므로 자연은 이 땅을 우리에게 거처로 주었고, 우리를 같은 큰 지붕 아래 살게 했으며, 거울 보듯 서로를 바라볼 수 있도록 우리를 모두 같은 모형 으로 만들었습니다. 그리고 우리에게 목소리와 말을 선사하여 우리가 서로를 잘 이해하고 우애를 키우게 했으며, 생각의 교환을 통해 의지의 공동체를 형성하도록 인도했습니다.

자연은 다양한 방식으로 우리 동맹, 즉 우리 사회의 유대를 만들고 강화하려 했습니다. 나아가 모든 면에서 우리를 단지 연합된 존재가 아니라 하나의 존재처럼 구성하고자 했습니다. 그렇다면 우리는 모두가 본질적으로 자유롭다는 사실을 어떻게 의심할 수 있겠습니까? 우리가 평등하다면, 자연이 우리를 같은 사회 안에 두고 누군가를 노예로 살게 했다고 생각하기는 어려울 것입니다. 왜냐하면 자연은 우리 모두를 동료로 만들었기 때문입니다.

사실 자유가 자연스러운 것인지 아닌지 논의하는 것은 무의미합니다. 왜냐하면 어떤 존재도 불의(不義)를 가하지 않고서는 노예 상태로 만들 수 없기 때문입니다. 세상에는 부당함보다 더 자연에 어긋나고 이성에 반하는 것이 없습니다. 따라서 자유는 자연스러운 것입니다. 나는 우리가 자유를 가지고 태어날 뿐만 아니라, 자유를 지키려는 열정 또한 가지고 태어난다고 생각합니다.

그리고 만약 아직도 의심하는 이들이 있다면, 자신의 선천적인 재능이나 열정을 인식하지 못할 정도로 퇴화된 자들이라면 동물을 강단에 세워서라도 그들에게 인간의 본성과 그들의 처지를 말해주고 싶습니다. 만일 하나님의 도움으로 인간이 동물들의 말을 들을 수 있다면 동물들은 이렇게 외칠 것입니다. "자유여, 영원하라!"

동물 중 상당수가 잡히자마자 죽습니다. 물고기가 물 밖으로 끌려 나오자마자 생명을 잃듯, 그들은 자신의 자연스러운 자유를 잃고 살아남는 것보다는 죽음을 택합니다. 만약 동물들 사이에 우위가 존재한다면 그들은 이 자유를 그들의 귀족성으로 삼을 것입니다.

다른 동물들은 몸집에 관계없이 발톱, 뿔, 부리, 발로 강하게 저항하는데, 이는 그들이 잃어버린 것에 얼마나 큰 가치를 두는지 충분히 알 수 있게 합니다. 그러다 잡히고 나면 그들은 자신의 불행을 인식하는 명백한 신호를 우리에게 보여줍니다. 그들은 살기보다는 쇠약해지는 것이 더 아름답고, 노예 상태에서 즐거움을 찾기보다는 잃어버린 행복을 슬퍼합니다.

마지막까지 저항하던 코끼리가 더 이상 희망이 없고 잡힐 위기에 처했을 때 자신의 턱을 나무에 박아 이빨을 부러뜨리는 것은 무엇을 의미할까요? 자유를 지속하고자 하는 강한 욕구가 그에게 지혜를 주고, 사냥꾼들과 협상할 생각을 하게 만든 것입니다. 이빨을 대가로 풀려날 수 있는지, 몸값으로 남긴 상아가 그의 자유를 되찾아 줄 수 있는지를 보여주려는 것이 아닐까요?

우리는 말이 태어나자마자 그가 순종하도록 훈련시킵니다. 그러나 우리의 보살핌과 손길로도 자유를 막지는 못합니다. 말은 자신을 길들이려 할 때 고삐를 물거나 발굽으로 차는데, 이것은 기꺼이 복종하는 것이 아니라 우리의 강요로 복종한다는 것을 보여주려는 의지라고 생각합니다. 무슨 말이 더 필요하겠습니까?

"소도 멍에 아래에서 신음하고,
새들도 새장 안에서 한탄합니다."

예전에 이런 시를 지어 읊은 적이 있습니다. 감각

이 있는 모든 존재들은 종속이 불행임을 알고 자유를 추구하며, 심지어는 인간에게 복종하도록 태어난 동물들조차 예속에서 벗어나고자 하는 욕구를 표현하며 항의합니다. 대체 어떤 악이 진정으로 자유롭게 살기 위해 태어난 유일한 존재인 인간을 그토록 변질시켜서, 본연의 모습을 잊게 하고 그것을 되찾고자 하는 욕구마저 잊게 만드는 것일까요?

폭군의 세 가지 유형

세 가지 종류의 폭군이 있습니다.

일부는 국민의 선거로, 다른 이들은 무력으로, 마지막으로 어떤 이들은 혈통에 의한 계승으로 집권합니다. 전쟁의 권리로 권력을 얻은 자들은, 매우 정확하게 말하자면, 정복한 땅에서 했던 것처럼 행동합니다.

왕으로 태어난 자들도 대개는 별반 다르지 않습니다. 폭군의 품에서 태어나고 자란 그들은 모유와 함께 폭군의 본성을 빨아들이며, 자신들에게 복종하는 국민들을 세습 노예로 여깁니다. 그들의 주된 성향(인색함이든 낭비벽이든)에 따라 왕국을 마치 자신의 유산처럼 사용합니다.

국민으로부터 권력을 얻은 자는 그나마 견딜 만하리라고 생각합니다. 그렇게 될 수도 있다고 생각합니다. 만약 그가 다른 모든 사람들 위로 올라섰을 때, 무엇인지 알 수 없는 그 '위대함'에 만족하며 더 이상 움직이지 않기로 결심한다면 말입니다. 그러나, 그는 거의 항상 국민이 그에게 위임한 권력을 자신의 자식들에게 물려줘야 할 것으로 생각합니다. 그러한 생각을 받아들이면, 이들은 다른 모든 폭군들을 능가하는 온갖 악덕과 잔혹함을 보여줍니다.

그들이 새로운 폭정을 확고히 하기 위해 노예 상태를 강화하고 자유에 대한 생각을 사람들의 마음속에서 완전히 지워버리는 것입니다. 설사 그것이 아무리 최근의 기억이라 할지라도 말이지요. 사실 이 폭군들 사이에 약간의 차이는 있을지 몰라도 누구 하나를 선택하기는 어렵습니다. 그들이 왕좌에 오르는 방법은 다양하나 통치 방식은 항상 거의 같기 때문입니다. 국민이 선출한 자들은 국민을 길들여야 할 황소처럼, 정복자들은 자신의 전리품으로 여기며, 후계자들은 원래 자신에게 딸린 노예 무리를 보듯 대합니다.

어떤 사람들이 방금 새로 태어났다고 가정해 보겠습니다. 그들은 노예의 삶을 겪어 본 적이 없고 자유를 갈망하지도 않으며, 그 단어들을 알지도 못합니다. 그들이 노예와 자유로운 삶 가운데 하나를 고를 수 있다면 어느 쪽을 선택할까요? 이들은 단 한 사람의 명령에 따르기보다는 이성에 의지하기를 훨씬 더 선호할 것임에 틀림없습니다.

유일한 예외는 아마도 어떠한 강제나 필요 없이 왕[6]을 임명한 이스라엘 사람일 겁니다. 나는 그들의 역사를 읽을 때마다 화가 나고, 심지어 이를 계기로 그들에게 닥친 많은 불행을 보며 통쾌해하는 비인간적인 감정마저 느낍니다. 인간이 인간으로 존재하는 이상, 스스로 굴복하는 이유는 힘에서 밀리는 것과 꾐에 당하는 것, 둘 중 하나일 것이기 때문입니다.

　　스파르타와 아테네가 알렉산드로스[7]Alexandros에게 함락된 것처럼 외세에 강제로 정복당하거나, 오래전 아테네의 지배권이 페이시스트라토스[8]Peisistratos

---

6) 선지자 사무엘에 의해 왕으로 된 사울을 말한다. 성경에 의하면 사울은 이스라엘 모든 지파의 첫 번째 왕으로 비밀리에 사무엘에게 기름 부음을 받은 후 왕이 된다. 사울은 초반에는 나라를 잘 다스렸으나 말년에는 우울증과 잘못된 정치, 전쟁 패배의 여파로 자살한다. 사울은 다윗을 죽이려 하나 수포로 돌아가고 다윗은 이스라엘을 구한 새로운 왕이 된다.

7) 기원전 335년 코린토스 집회에서 알렉산드로스는 모든 헬레네스 제국의 설립자가 된다.

8) 솔론에 이어 그리스를 통치한 기원전 627년에 사망한 아테네의 독재자. 그는 도시를 통제하기 위해 교란과 허세를 사용했으며 여러 차례 도망치기도 했다.

의 손에 넘어갔을 때와 같이 파벌 정치의 모략에 빠지는 경우가 그렇습니다.

꾐에 넘어가 자유를 잃는 사람들을 보면, 다른 이들의 배신보다는 스스로의 착각과 오판으로 수렁에 빠지는 경우가 더 많습니다. 시칠리아Sicilia의 수도였던 시라쿠사Syracuse 사람들에게 일어난 일입니다. 그들은 전쟁의 고통 속에서 당장의 위험을 모면하려 궁리하다 데니스[9]Denis를 선출하고 그에게 군대의 지휘권을 넘겼습니다. 그들은 자신들이 얼마나 그에게 큰 권력을 부여했는지도, 승전보를 울리며 돌아온 데니스가 적군이 아니라 시민들을 정복한 양 그들을 핍박하리라는 것도 알지 못했습니다. 그 사이 그는 대장에서 왕으로, 왕에서 독재자로 탈바꿈했습니다.

---

9) 시칠리아 시라쿠사의 독재자 데니스 혹은 디오니시우스 1세(기원전 약 432년~367년)는 시칠리아와 남부 이탈리아의 여러 도시를 정복하고 시칠리아에서 카르타고의 영향력을 물리치며 시라쿠사를 서부 그리스 식민지 중 가장 강력한 곳으로 만든다. 이 독재자는 음모, 쿠데타, 숙청으로 자신을 드러냈다.

습관이 된 복종

사람들은 일단 복종하기 시작하면 자유를 완전히 망각합니다. 자유를 되찾으려는 노력조차 하기 어려워지며 믿을 수 없을 정도로 쉽게, 그리고 기꺼이 얽매이고 맙니다. 이제 이들은 자유를 잃었다는 말 대신 오히려 노예 신분을 획득했다고 이야기할 것입니다. 처음에는 강요와 권력에 무릎을 꿇었는지 모릅니다만, 그 뒤를 이은 후손들은 후회 없이 순종하고 선조들이 억지로 했던 일들을 흔쾌히 행합니다. 이것이 멍에 아래에서 태어나 노예로 길러진 사람들이 다른 권리를 알지 못한 채, 그렇게 태어난 것을 당연하게 여기는 이유입니다.

후손이 아무리 태만하고 무신경한 사람이라 해도 언젠가는 자기 부모의 장부를 보고 자신이 상속받은 모든 권리를 누리고 있는지, 본인이나 부모의 재산이 침해당한 일은 없는지 확인할 것입니다. 그러나 습관은 우리의 모든 행동에 무엇보다도 가장 큰 영향을 미치며 우리에게 복종하는 법을 가르칩니다. 마치 독에 익숙해진 미트리다테스[10]Mithridates처럼, 우리는 노예 생활의 쓰디쓴 독을 거부감 없이 삼키는 법을 배웁니다. 우리가 원하는 바가 좋든 나쁘든 천성이 우리를 그곳으로 이끌기는 하지만, 습관은 우리에게 그보다 큰 영향을 미칩니다. 아무리 성품이 좋아도 가꾸지 않으면 사라지며, 천성과 달리 습관은 항상 자기 식대로 우리를 형성합니다. 자연이 우리 안에 심는 선의 씨앗은 너무 작고 연약해서 선하지 않

---

10) 미트리다테스(기원전 약 135년~63년)는 아나톨리아(지금의 튀르키예 인근) 북부의 폰투스 왕국의 왕으로 한니발 다음으로 로마 권력의 가장 두려운 강적이었다. 본문에서 언급된 것은 그의 청년 시절, 몇 년간 은둔하며 자신을 단련하고 독에 대한 면역력을 키운 시기에 관한 것이다. 노년에는 폼페이우스에게 패배하고, 아들에게 배신당해 결국 독을 먹고 자살을 시도했으나 실패하고 부하에게 자신을 죽이도록 했다.

은 습관이 주는 미미한 충격조차 견뎌내지 못합니다. 그 씨앗들은 잘 유지되지 않으며 쉽게 변하거나 썩어 버립니다. 마치 고유한 특성을 지닌 과일 나무들이 자연 상태에서 접붙이기 방식에 따라 조금씩 다른 열매를 맺게 되는 것처럼 말입니다.

풀들도 각각 자신만의 속성, 본성, 독특함을 가지고 있습니다. 그럼에도 오랜 시간, 날씨의 변화, 토양이나 정원사의 손길에 그들의 상태는 크게 좌우됩니다. 어떤 나라에서 본 식물이 다른 나라에서는 종종 알아볼 수 없을 정도로 달라지기도 합니다.

베네치아 사람들은 진정으로 자유롭게 살면서 자유를 사수하는 것 외에 다른 야망을 모르고, 태어나면서부터 어떤 쾌락과도 자유를 바꾸지 않을 것을 교육받으며 자랐습니다. 몇 안 되는 그들 중 가장 막돼먹은 사람조차도 왕이 되고 싶은 마음은 추호도 없을 것입니다. 만일 그들을 본 누군가가 어느 위대한 영주의 영지로 가서, 그저 그를 떠받들기 위해 태어난 것처럼 자신의 삶을 포기해 가며 권력을 비호하는 사람들을 만난다면 그 두 민족이 같은 본성을 가졌다고 느낄까요? 아니면 사람들의 도시가 아니라 짐승의 터전에 들어섰다고 생각할까요?

스파르타의 입법자인 리쿠르고스[11]Lycurgus는 형제 개 두 마리에게 같은 젖을 먹여 키웠습니다. 하나는 부엌에서 살찌웠고, 다른 하나는 뿔피리와 호른 소리에 맞춰 들판을 누비도록 길들였습니다. 그는 문화가 어떻게 사람을 만드는지 라케다이몬[12]Lacedaemon 사람들에게 보여주고자 두 마리의 개를 풀어 놓고 그

---

11) 역사가 플루타르코스가 그의 생애에 대해 많은 불분명함이 있다고 인정하는 반전설적 인물. 리쿠르고스(그리스어: Λυκοῦργος, 기원전 800년?~730년)는 스파르타의 전설적인 입법자로서, 델포이의 아폴론 신탁에 따라 스파르타 사회를 군국주의로 개혁하였다. 리쿠르고스의 모든 개혁은 스파르타 사람의 세 가지 덕목인 (시민 간의) 평등, 군사적 적합성, 엄격성을 지향하였다.

12) 스파르타와 그 국가 영역인 라코니아를 가리키는 스파르타 국가의 정식 명칭이다.

사이에 수프와 토끼를 두었습니다. 그러자 하나는 접시를 향해 달려갔고, 다른 하나는 토끼를 향해 달려갔습니다. 리쿠르고스는 개들을 보며 이렇게 말했습니다. "그래도 이들은 형제입니다." 라케다이몬 사람들은 규율과 이성 외의 것에는 결코 따르지 않았는데, 이는 그가 법률과 정치 기술로 사람들을 너무도 잘 교육하고 훈련시켰기 때문입니다.

이쯤에서 페르시아의 위대한 왕 크세르크세스[13]Xerxes가 가장 총애하던 페르시아인과 두 스파르타인의 일화를 꺼내지 않을 수 없습니다. 크세르크세스가 그리스 전체를 정복하기 위해 전쟁 준비를 할 때, 그는 그리스 여러 도시에 사절을 보내 물과 흙을 요청했습니다. 이것은 페르시아가 항복을 요구하는 방

---

13) 크세르크세스는 선왕 다리우스가 3번에 걸쳐 실패한 그리스 원정을 기원전 460년에 시작한다. 육지에서는 거침없이 진격하여 아테네를 불태웠지만 살라미스 해전의 완패와 바빌론의 반란으로 2년 만에 원정을 중단한다. 이 전쟁은 영화 『300』으로 만들어졌는데, 2007년에 개봉한 1부는 테르모필레 지상 전투가, 2014년에 개봉한 2부는 살라미스 해전이 주된 내용이다.

식이었습니다. 그는 스파르타와 아테네에는 사절을 보내지 않았는데, 이는 그의 아버지 다리우스가 이전에 보낸 사절들을 스파르타인들과 아테네인들이 각각 도랑과 우물에 던져버리며 "여기서 물과 흙을 가져가서 너희 왕에게 전해라."라고 말했기 때문입니다. 이 사람들은 자유를 조금이라도 위협하는 말을 한다면 용납하지 않았습니다. 스파르타인들은 그런 행동이 신들, 특히 사자(使者)의 신 탈티비오스[14]에게 죄를 짓는 일이라고 여겼습니다. 그래서 그들은 신들의 분노를 달래기 위해 시민 두 명을 크세르크세스에게 보내어 그가 마음대로 처분하도록 함으로써 아버지(다리우스)의 사절들을 죽인 것에 대한 복수를 할 수 있도록 결정했습니다.

스파르타인 중 두 명, 스페르티스와 불리스라는 자가 자진해서 희생자로 나섰습니다. 그들이 페르시

---

14) 그리스 신화의 트로이 전쟁에서 그리스 연합군 총사령관인 아가멤논의 전령(사자)이었다.

아의 한 궁전에 도착했을 때, 아시아의 해안 도시에서 히다르네스Hydarnes라는 이름의 페르시아인이 왕의 대리인으로 나와, 그들을 매우 명예롭게 맞이하고 풍성히 대접하며 왕의 우정을 그토록 강하게 거부하는 이유를 물었습니다. "스파르타인들이여. 내 예를 보아라. 나를 본보기로 왕이 자격을 갖춘 자들을 어떻게 존중하는지 보아라. 만일 너희가 왕께 충성하고 그가 너희를 알았다면, 너희 둘 다 그리스 도시 하나를 맡아 이끌고도 남았을 것이다." 그러자 라케다이몬인들Lacedaemonians은 대답했습니다. "그러한 점에서 히다르네스, 너는 우리에게 좋은 조언을 줄 수 없을 것이다. 왜냐하면 네가 우리에게 약속하는 행복을 경험했을지라도 너는 우리가 누리는 그 행복을 전혀 모르기 때문이다. 너는 왕의 호의를 누렸지만 자유의 참맛을 모른다. 만약 네가 그 맛을 보았다면, 너는 우리에게 창과 방패뿐만 아니라 이빨과 손톱으로도 그것을 지키라고 조언할 것이다." 여기서 스파르타인만이 진실을 말했지만, 다른 사람들은 각자 자신이 교육받은 대로 대답했습니다. 페르시아인이 결코 맛보지 못한 자유를 그리워하는 것은 불가능했으며 그것을 맛본 라케다이몬인들이 노예 상태를 견디는 것도 불가능했습니다.

유티카의 카토[15]Cato는 스승의 지도를 받는 어린 아이였지만, 그의 가문의 지위와 친척 관계 때문에 종종 독재자 실라[16]Sylla의 집을 방문할 수 있었습니다. 그는 방문할 때마다 그의 교사와 함께 있었는데, 이는 로마 귀족 자녀들의 관례였습니다. 어느 날 그는 실라의 저택에서 그의 면전에서 혹은 그의 명령으로 어떤 이들은 감옥에 가고, 다른 이들은 유죄 판결을 받는 것을 목격했습니다. 한 사람은 추방되고 다

---

15) 소小 카토로 잘 알려져 있다(기원전 95년~기원전 46년). 로마 공화정 말기의 정치인으로 율리우스 카이사르와 대적하여 로마 공화정을 수호한 것으로 유명하다.

16) 라틴어로 술라(Sulla, 기원전 138년~기원전 78년)이다. 로마의 장군이자 정치가로 독재관(기원전 82년)이 되었으며, 반대파를 무자비하게 숙청하였다.

른 사람은 목 매달려 죽었습니다. 누군가는 전 재산을 몰수당했고, 다른 누군가는 참수형을 당했습니다. 결국 모든 일이 도시의 재판관이 아닌 시민의 폭군으로부터 진행되었습니다. 그곳은 정의의 법정이 아니라 폭정의 동굴에 가까웠습니다.

소년이 교사에게 이렇게 말했습니다. "단검을 주세요. 그걸 제 로브[17]robe 아래에 숨기겠어요. 저는 실라가 아침에 일어나기 전에 그의 방에 자주 드나들거든요. 제 손은 도시를 그에게서 구할 만큼 충분히 강해요." 정말이지 카토다운 말이었습니다. 죽음도 무릅쓴 의연함이 담긴 이 말은 그의 삶의 자세와 맞닿아 있습니다.

그리고 누군가가 그의 이름이나 국가를 언급하지 않고 사실 그대로 말하라고 한다면, 사람들은 주저

---

17) 상하의가 하나로 된, 뒤집어쓰는 형태의 겉옷. 가운(gown)의 일종이다.

없이 "그 아이는 로마에서 자유롭게 태어난 로마인이었다."라고 할 것입니다. 왜 그럴까요? 나는 나라와 토양이 중요하지 않다고 말하고 싶지는 않습니다. 왜냐하면 언제 어느 곳에서나 노예 상태는 인간에게 쓰리고, 자유는 소중하기 때문입니다. 그러나 우리는 태어나자마자 이미 멍에를 멘 이들을 동정해야 하며, 자유의 그림자를 본 적도 들은 적도 없어 속박당하는 불행을 느끼지 못한다면 그들을 포용하거나 용서해야 한다고 생각합니다. 호메로스가 키메리아인[18]Cimmerians들에 대해 말했듯 태양이 우리와 전혀 다르게 떠오르고, 꼬박 여섯 달을 비추다 다음 여섯 달 동안 어둠에 잠기는 나라가 있다면, 이 긴 밤 동안 태어난 사람들이 밝음에 대해 듣거나 본 적이 없다면, 그들이 태어난 어둠에 익숙해지고 빛을 바라지

---

18) 키메리아인은 코카서스와 아조프 해 북쪽에 사는 고대 민족의 일원으로, 기원전 8세기 말에 러시아 남부에서 코카서스를 거쳐 아나톨리아로 이주한 스키타이인을 말한다.(브리태니커 사전). 호메로스의 『오디세이아』에서는 키메리아인은 죽은 자들의 땅 근처에 있는, 태양이 전혀 비치지 않는 곳에 있는 사람들로 그려진다.

않음은 당연한 일 아닐까요?

사람이 알지 못하는 것을 그리워하는 일은 없습니다. 슬픔은 즐거움 뒤에만 찾아오며, 불행을 알게 되면 언제나 과거의 어떤 기쁨에 대한 기억이 동반됩니다. 인간은 본성적으로 자유로워지고자 하지만 교육으로 다른 습관을 갖게 되면 쉽게 다른 길을 선택하게 됩니다.

그러므로 우리는 인간에게 훈련되고 익숙해진 것들이 자연스럽게 느껴진다는 점을 인정해야 합니다. 그래서 오직 단순하고 변함없는 것만을 원하는 것이 진정한 본성임을 받아들여야 합니다. 따라서 자발적인 노예 상태의 첫 번째 원인은 습관입니다. 한때 굴레를 거부하며 안장 아래에서 발버둥을 치던 가장 용감한 말들도, 그 굴레를 가지고 놀다 언젠가는 스스로 멍에를 메고 갑옷을 입습니다. 그리고 자랑스럽게 목을 빳빳이 세우며 나타납니다.

마찬가지로 사람들은 자신들이 항상 복종해 왔고, 그들의 조상들도 그렇게 살았다고 말합니다. 그들은 불행을 견뎌야 한다고 생각하여 다른 사람들의 예시로 자신을 설득하다가, 시간이 지나면 그들을 억압하는 이들의 소유권을 오히려 스스로 공고히 합니다.

하지만 사실상 세월이 지난다고 해서 잘못된 행위를 할 권리가 생기는 것은 아닙니다. 그것은 오히려 더욱 큰 모욕입니다. 세상에는 언제나 다른 이들보다 더 나은 본성을 타고난 이들이 있습니다. 그들은 멍에의 무게를 느끼고 그것을 흔들어 벗어던지려 하며 결코 복종에 익숙해지지 않습니다.

그들은 율리시스가 육지와 바다를 헤매며 자신의 집 굴뚝에서 피어오르는 연기를 다시 보기를 갈망했던 것처럼, 자신들의 자연권, 기원, 그리고 본모습을 결코 잊지 않고 번번이 그것을 되찾으려 합니다. 이러한 사람들은 명확한 이해력과 통찰력을 가지고 있으며, 무지한 이들처럼 발 밑에 있는 것만 보는 것에 만족하지 않고 뒤도 보고 앞도 보면서 과거를 회상하여 현재를 판단하고 미래를 예측합니다. 그들은 타고난 지능이 뛰어날 뿐만 아니라 학문과 지식으로 그것을 더욱 연마한 사람들입니다. 만일 자유가 이 세상에서 완전히 사라지더라도 그들은 그것들을 상상하고 느끼며, 그 맛을 음미합니다. 그리고 아무리 멋지게 포장한다 해도 노예인 상태로 사는 것은 혐오스럽다고 느낍니다.

대大 투르크[19]The Grand Turk는 책과 생각이 다른 무엇보다 사람들에게 존엄성을 느끼게 하고, 압제에 대한 증오를 일으킨다는 것을 분명하게 알고 있었

---

19) 콘스탄티노플의 오스만 술탄은 종종 대 투르크라고 불리었다. 대 투르크의 대표적 인물인 술탄 메흐메트 2세(1432년~1481년)는 오스만 제국의 대표적인 정복 군주 중 하나로 동로마 제국과 그 수도 콘스탄티노플을 정복하여 로마 제국을 멸망시켰다. 메흐메트 2세는 몇몇 투르크계 귀족 가문들이 운영하던 오스만 국을 다문화, 다민족의 오스만 제국으로 발전시켰다.

습니다. 그가 통치하는 국가에 학자가 드물었던 것도 그 때문이었습니다. 그러한 상황에도 자유를 향한 의지와 열망은 곳곳에 있었지만, 그것이 얼마나 많든 서로 소통할 수 없었으므로 효과가 없었습니다. 폭군들은 그들에게 행동할 자유, 말할 자유, 거의 생각할 자유마저 빼앗아 그들을 꿈속에서조차 고립시킵니다. 조롱의 신 모무스Momus가 헤파이스토스Hephaestus가 빚은 인간을 보며 '마음에 작은 창문이 없어 그의 생각을 들여다볼 수 없다'고 지적했다는 이야기가 웃어넘길 일만은 아닌 듯합니다.

브루투스Brutus와 카시우스Cassius는 로마를 억압으로부터 해방하고자 다짐할 때, 공공의 이익을 열성적으로 대변하던 키케로Cicero가 참여하는 것을 원하지 않았습니다. 키케로가 그런 큰일을 하기에는 마음이 약하다고 생각했기 때문입니다. 그들은 그가 의욕은 있으나 용기가 부족하다고 보았습니다.

과거를 돌아보고 역사를 살펴보면, 나라가 어려움에 처해 있을 때 그것을 구하려는 순수하고 강한 의지를 가진 사람들은 거의 항상 성공했다는 것을 알 수 있습니다. 자유는 그들의 편이었습니다. 하르모디우스Harmodios, 아리스토기톤Aristogiton, 트라시불루스Thrasybulus, 고대의 브루투스, 발레리우스Valerius, 디온Dion과 같은 사람들은 좋은 목적을 가지고 성공적으로 그들의 계획을 실행했습니다. 이런 경우 강한 의지가 거의 항상 성공으로 이어집니다. 젊은 브루투스와 카시우스 역시 자유를 되찾으려다 목숨을 잃었으나, 마침내 노예 상태에서 벗어난 그들은 삶도 죽음도 기구하지 않았습니다.[20] 그렇지만 그들의 죽음으로 공화국은 막대한 손실을 입고 영원한 불행 속에 묻혔다고 할 수 있습니다.

---

20) 브루투스와 카시우스는 기원전 44년에 카이사르 암살을 주도했으나, 같은 해 필리피 전투에서 마르쿠스 안토니우스에게 패한 후 자살한다.

로마 황제에 맞섰던 다른 사람들은 하나같이 독재자를 끌어내리려던 게 아니라 권력을 손에 넣으려 음모를 꾸민 야심가들이었습니다. 그런 사람들이라면 실패가 안타깝지도 않거니와 성공하기를 바라지도 않습니다. 그들의 실패는 자유라는 이름을 남용해서는 안 된다는 교훈을 줍니다.

그러나 거의 잊고 있던 원래 주제로 돌아가자면, 사람들이 자발적으로 복종하는 첫 번째 이유는 그들이 노예로 태어나고 그렇게 자랐기 때문입니다. 이 첫 번째 이유로부터 다음과 같은 결론을 도출할 수 있습니다. 폭군 아래에서 사람들은 쉽게 비겁해지고 나약해집니다.

의학의 아버지인 위대한 히포크라테스Hippocrates 가 그의 저서 『질병론』[21]에서 이를 잘 지적한 것에 대해 감사를 표합니다. 이 사람은 마음씨가 좋았고, 페르시아 왕이 매력적인 제안과 큰 선물로 그를 회유하려 했을 때 그 선한 마음을 보여주었습니다. 그는 그리스인들을 죽이려는 야만인들을 치료하고 자신의 나라를 노예로 만들고자 하는 자에게 자신의 의술을 제공하는 것은 양심에 거슬린다고 솔직하게 대답했습니다. 그가 쓴 편지*는 오늘날 그의 다른 저서들에서 찾아볼 수 있으며 그것들은 언제까지나 그의 용기와 고귀함을 증명할 것입니다.

---

21) 해당 대목은 라 보에시가 인용한 『질병론Des maladies』이 아닌, 『공기, 물, 장소에 대하여Sur les airs, les eaux et les lieux』라는 책의 내용이다. 여기서 히포크라테스는 "아시아의 그리스인이나 야만인 중에서 가장 전투적인 민족은 독재적으로 지배받지 않는 사람들이다. 절대 군주 아래에서 사는 사람들은 필연적으로 매우 소심해진다."라고 말하고 있다.

자유를 잃으면 즉시 용기도 함께 사라집니다. 복종하는 사람들은 싸움에서 열정이나 싸울 의욕이 없습니다. 그들은 마치 쇠사슬에 묶인 것처럼 무기력하고 힘겹게 의무를 수행합니다. 그들의 마음속에는 위험을 대수롭지 않게 여기고 영예로운 죽음을 통해 승리를 얻고자 하는 자유의 열정이 끓어오르지 않습니다.

반면에 자유로운 사람들은 모두를 위해, 각자를 위해 앞다투어 최선을 다합니다. 그들은 패배의 고통이나 승리의 이익을 동등하게 나눌 것임을 압니다. 하지만 복종하는 사람들은 용기와 활력이 없으며 마음이 나약하여 큰일을 할 수 없습니다. 폭군들은 이를 잘 알고 있습니다. 그래서 그들은 사람들을 더욱 무기력하게 하기 위해 최선을 다합니다.

그리스인들 사이에서 가장 신중하며 존경받는 역

사가 중 한 명인 크세노폰[22]Xenophon은 시모니데스 Simonides와 시라쿠사의 폭군 히에론Hieron이 폭군의 불행에 대해 나눈 대화를 작은 책[23]에 담았습니다. 이 책은 훌륭하고 진솔한 교훈으로 가득 차 있으며, 무한한 매력도 가지고 있습니다. 모든 폭군이 그것을 거울로 삼아 자신들 앞에 두었더라면 좋았을 것입니다. 그들은 분명히 자신들의 결점을 알아보고 부끄러움을 느낄 것이기 때문입니다.

이 저작 속에서 크세노폰은 모든 사람에게 해를 끼치는 폭군들이 모든 사람을 두려워해야만 하는 고통에 대하여 이야기합니다. 그는 나쁜 왕들이 다른 무엇보다도 자신들이 학대한 자국민에게 더 이상 감

---

22) 크세노폰(기원전 약 431년~기원전 354년)은 그리스의 역사학자로 플라톤과 함께 소크라테스의 제자이다. 역사서인 『아나바시스 Anabasis』, 철학서인 『소크라테스 회상』 등 다양한 저술을 남겼다.

23) 크세노폰이 쓴 소책자인 『히에론 Hieron』을 말한다. 몽테뉴는 『에세』 1권 42장인 '우리들 사이의 불평등에 관하여'에서 히에론 등 권력자의 고통을 이야기한다.

히 무기를 주지 못해 용병을 고용한다고 말합니다. 프랑스에서조차, 오늘날보다는 옛날에, 훨씬 더 훌륭한 왕들이 외국 군대를 고용했지만 그것은 자신의 국민들을 보호하기 위해서였으며 사람들을 지키는 데 드는 비용을 아까워하지 않았습니다. 이것은 또한 위대한 스키피오 아프리카누스[24]Scipio Africanus의 의견이기도 했을 것입니다. 그는 백 명의 적을 물리치는 것보다 한 시민의 목숨을 구하는 것을 더 좋아했습니다. 하지만 확실한 것은, 폭군은 자기 밑에 뛰어난 사람이 하나도 없을 때까지는 결코 자신의 권력이 보장된다고 믿지 않는다는 점입니다.

---

24) 스키피오(기원전 235년~기원전 183년)는 로마의 장군으로 당대 최강의 명장이었던 한니발 바르카를 격파한 아프리카의 정복자이자, 로마가 제국으로 발돋움할 수 있었던 발판을 마련한 인물이다.

그러므로 테렌스[25]Terence의 작품에서 트라손 Thrason이 코끼리 조련사에게 한 말이 옳았다고 할 수 있습니다.

"네가 그렇게 위세가 좋은 것도,

어리석은 짐승들을 거느리고 있기 때문이겠지?"

---

25) 푸블리우스 테렌티우스 아페르(Publius Terentius Afer, 기원전 195년 혹은 185년~기원전 159년)는 고대 로마 시대의 희극 작가이자 시인이며, 영어로 'Terence'라고 표기한다. 본문에서 언급하는 내용은 현존하는 6편의 희곡 중 기원전 161년 작품인 『환관 Eunuchus』의 한 대목을 빌려온 것이다.

* 히포크라테스와 아르타크세르크세스Artaxerxes

페르시아 왕 아르타크세르크세스(약 기원전 485
년~기원전 424년)의 군대에 전염병이 퍼지자 이 왕
은 히포크라테스(약 기원전 460년~기원전 370년)의
도움을 받기로 결정하고, 그를 페르시아 궁정으로 초
대하기 위해 헬레스폰트Hellespont 지방의 총독 히스
탄네스Hystanes에게 편지를 보냈습니다. 왕은 히포크
라테스에게 원하는 만큼의 금을 제공할 것이며, 페
르시아의 가장 위대한 귀족들과 동등하게 대우할 것
이라고 약속했습니다. 히스탄네스는 이 명령을 충실
히 이행했지만 히포크라테스는 즉시 답장을 보내 다
음과 같이 전했습니다. "나는 생활에 필요한 모든 것
을 갖추고 있으며, 페르시아인의 부를 누릴 수 없으
며, 그리스인의 적인 야만인을 치료하기 위해 내 의
술을 사용할 수 없다." 아르타크세르크세스가 히스탄
네스에게 보낸 편지와 히스탄네스가 히포크라테스에
게 보낸 편지, 그리고 이 모든 내용은 히포크라테스

의 작품 끝부분에서 찾을 수 있습니다.

아르타크세르크세스의 선물을 거절하는 히포크라테스(1792),
안루이 지로데 드 루시트리오종Anne-Louis Girodet de Roussy-Trioson

(출처: 위키미디어 커먼스)

서양의학의 아버지라 불리며 히포크라테스 선서
The Oath of Hippocrates에도 나와 있듯이 무엇보다
환자를 우선으로 했던 히포크라테스가, 야만인이라
는 이유로 페르시아의 요청을 거절한 것은 서양인의
동양에 대한 뿌리 깊은 우월적 사고를 나타냅니다.

위 그림은 아르타크세르크세스의 금은보화 등의 선물을 냉정하게 거절하는 히포크라테스의 모습을 그리고 있습니다. 18세기에 접어들면서 유럽에는 서양과 동양을 문명과 비문명으로 구분하는 편향적인 시각이 자리잡기 시작합니다. 2022년 유럽연합(EU)의 대외정책을 총괄하는 호세프 보렐이 "유럽은 정원이고, 나머지 세계는 정글이다."라고 말하는 것을 보면, 현대에도 이러한 인식이 여전히 이어지고 있음을 알 수 있습니다. 라 보에시의 글에서도 이러한 생각을 엿볼 수 있음은 유쾌한 일이 아닙니다.

3장
놀이, 권력을 공고히 하는 수단

사람들을 어리석게 만드는 폭군의 술책은 키루스 대왕[26]Cyrus이 리디아인들에게 보인 행동에서 어느 때보다 뚜렷하게 엿보입니다. 그는 부유한 왕인 크로이소스[27]Croesus를 포로로 잡고 수도를 점령한 뒤 사르디스 주민들의 반란 소식을 듣게 됩니다. 그는 주민들을 복속시켰으나 아름다운 도시를 파괴하거나 통제하기 위해 군대를 주둔시키고 싶지는 않았으므

---

26) 페르시아의 키루스 2세(기원전 600년~530년경)로 아케메네스 페르시아 제국의 창시자이다. 그는 서아시아 대부분과 중앙아시아 대부분을 정복하여 대제국을 건설했다.

27) 기원전 546년에 페르시아 왕 키루스 대왕에게 패배할 때까지 현재 튀르키예 영역인 리디아 왕국을 통치한 왕이었으며, 리디아 왕국은 금은 합금으로 된 동전 등을 사용한 상업과 문물의 중심지였다.

로, 소유권을 확보하기 위한 다른 놀라운 방법을 생각해 냅니다. 사창가, 술집과 공공 오락시설을 조성하고 시민들이 드나들도록 명령한 것입니다. 이제 그는 더 이상 사람들에게 칼을 뽑을 필요가 없었습니다. 불쌍한 리디아인들은 온갖 종류의 놀이를 발명하며 즐겼으며, 그들의 이름에서 유래한 '루디Ludi'라는 말은 로마인들에게 '오락'을 뜻하게 되었습니다.

어떤 폭군도 자신이 다스리는 백성을 나약하게 만들 것이라 공언하지는 않았지만, 실제로 대부분은 키루스가 공식적으로 자행했던 일들을 은밀하게 저질렀습니다. 도시의 많은 이들이 보통 자신을 사랑하는 자는 의심하고, 속이는 이는 철석같이 믿어 버리는 성향이 있습니다. 그러니 피리 소리를 듣고 홀리는 새[28]나, 미끼에 눈이 팔려 남보다 빨리 갈고리를 물고

---

28) 특정 형태의 피리나 관악기를 사용하여 새의 관심을 끌고, 피리 소리에 반응한 새가 접근하게 되면, 피리 소리가 발생하는 장소나 주변에 설치된 덫을 이용하여 사냥하는 방법이다.

달라붙는 물고기 같은 사람들이 없을 거라고 생각하지 마십시오. 유혹에 가장 약한 사람들은 미끼의 달콤함을 맛보자마자 노예가 되어버리는 자들입니다. 고대 사람들에게 극장·오락·희극·공연·검투사·특이한 동물·메달·그림 등은 노예 상태로 만드는 미끼, 자유를 빼앗긴 대가, 억압의 도구였습니다. 이 방법, 이 관행, 이 유혹은 고대 폭군들이 백성을 멍청하게 만들어 길들이는 데 쓰였습니다. 그들에게 복종하는 법을 배운 어리석은 사람들은 헛된 쾌락을 찬란하다 여기며, 그림으로 글을 깨우치는 아이들보다 더 어둑하게 행동했습니다.

4장

향응, 권력 유지의 또 다른 수단

로마의 폭군들은 사람들이 특히나 먹는 즐거움에 더 쉽게 넘어간다는 사실을 알았습니다. 그래서 그들이 더 아둔해지도록 더욱 잘 먹이고 연회를 자주 열곤 했습니다. 그들 중 가장 깨어 있는 자조차도, 플라톤이 말한 공화국의 자유를 되찾고자 본인의 수프 그릇을 놓는 일은 없었을 겁니다.

이 둔한 사람들은 폭군들이 선심 쓰듯 나누어 주는 밀 한 부대, 포도주 한 말, 세스테르스(고대 로마 동전)에 "폐하 만세!"를 외치며, 본인 재산의 고작 일부를 돌려받았을 뿐이라는 사실을 미처 깨닫지 못했습니다. 아마 폭군이 그들의 것을 먼저 빼앗지 않았더라면 그나마 그 일부조차 줄 수 없었을 것입니다. 오늘 어떤 이는 동전을 받고 다른 이는 연회에서 배를 채우며 티베리우스[29]Tiberius와 네로[30]Nero의 관대함에 감사를 표해도, 이튿날이 되면 자신의 재산을 탐욕에, 자식을 욕정에, 심지어 자신의 피마저 그들의 잔혹함에 바쳐야 했습니다. 그 순간에도 위대한 황제들은 한마디 말 없이 돌처럼 조용했으며, 나무 그루터기마냥 꼼짝도 하지 않았습니다. 무지한 백성은 언제나 이렇습니다. 그들은 정당하게 얻을 수 없는 즐거움에는 너무나도 기꺼이 몸을 담그고, 정당하게 견뎌야 할 해로움과 고통에는 무감각합니다.

---

29) 티베리우스(기원전 42년~37년)는 초대 로마 제국 황제 아우구스투스의 뒤를 이은 제2대 황제이다.

30) 폭군으로 잘 알려진 네로(37년~68년)는 로마 제국의 제5대 황제로 예술을 좋아했고 초기에는 선정을 펼쳤으나, 서기 64년 기름 창고 사고로 로마 대화재가 발생하여 민심이 혼란스러워지자, 당시 로마 제국의 신흥 종교였던 기독교에 책임을 덮어씌워 기독교도를 학살함으로써 로마 제국 황제 중 최초의 기독교 박해자로 기록되었다.

오늘날 네로에 관해 이야기하려 들면 그 끔찍한 괴물의 이름만으로도 떨지 않는 사람이 없습니다. 그러나 술주정뱅이에 망나니이자 들짐승 같던 그가 삶만큼이나 역겨운 죽음을 맞고 나서, 이 명망 높은 로마인들은 그가 전파한 오락과 잔치를 그리워했기에 거의 그를 애도하는 지경에 이르렀습니다. 뛰어난 작가이자 가장 진실한 역사가인 타키투스Tacitus가 기록한 사실입니다. 율리우스 카이사르Julius Caesar가 로마의 법과 자유를 파괴한 후 그의 죽음에 이 사람들이 어떻게 반응했는지 떠올려 보면 이는 그리 이상한 일이 아닙니다. 사람들이 칭송할 만한 그의 '인간성'은 실제로 가장 야만적인 폭군이 지닌 잔혹함보다 그의 나라에 더 치명적이었습니다. 왜냐하면 사실상 이 달콤한 독이 로마인들에게 자신의 노예 상태를 달게 느끼도록 했기 때문입니다. 카이사르를 죽인 사람들을 제외하고, 연회의 맛과 호화로운 나날을 기억하는 사람들은 카이사르가 죽은 뒤에도 광장에 벤치를 쌓아 그의 명예를 드높였으며, 그를 위해 '민중의 아버지'라 새겨진 기둥을 세우고 세상 누구보다 더 큰 영광을 부여했습니다.

5장

호칭, 권력을 정당화하는 수단

　로마 황제들은 특히 '호민관[31]Tribune of the People'이라는 칭호를 취하는 것을 잊지 않았는데, 이 직위는 신성하게 여겨졌으며 국민 수호와 보호를 위해 설립되어 국가에서 높은 예우를 받았습니다. 황제들은 이 방법으로 국민이 그들의 이름을 듣는 것만으로도 영향력을 느끼고 더 신뢰하도록 만들었습니다. 하지만 오늘날 사람들 역시, 중대한 잘못을 저지르기에 앞서 항상 공익과 가난 구제에 대해 허울 좋게 연설

────────────

31) 호민관(라틴어로 'Tribunus Plebis')은 평민의 대표로 고대 로마에서 귀족 계급의 자의적인 행동으로부터 평민들의 권리와 이익을 보호하기 위해 설립된 직위였다. 대표들은 임기 동안 신성불가침의 지위를 가졌으며, 이는 그들에게 해를 끼치는 것은 심각한 범죄로 간주되어 사형에 처해질 수 있음을 의미했다.

하는 것을 보면 그다지 나을 것이 없다는 생각이 듭니다. 그들이 사용하는 방식이야 빤하지만, 어떻게 그토록 파렴치하고 교묘할 수 있을까요?

6장

신격화, 권력을 강화하는 수단

아시리아[32]Assyria 왕들, 그리고 그 이후의 메디아 [33]Medes왕들은 가능한 한 대중 앞에 모습을 드러내지 않음으로써 자신들에게 어떤 초인적인 능력이 있다고 추측하게 하고, 사람들이 계속해서 상상을 덧붙이게 만들었습니다. 그리하여 오랫동안 이 신비로운 왕들의 지배를 받았던 많은 나라들은 그들을 섬기는 데 익숙해졌고, 자신들의 주인이 누구인지는 물론 그가

---

32) 기원전 2450년~609년경 중동 메소포타미아 지역에 존재하던 제국이다.

33) 고대 이란 민족으로 아시리아가 멸망한 뒤에 메디아 왕국은 고대 근동의 강국으로 부상한다. 기원전 550년 페르시아의 키루스 대왕이 메디아 왕국을 정복한다.

있는지조차 모르면서 더욱 가까이 섬겼습니다. 그 결과 그들은 아무도 본 적이 없는 존재에 대한 두려움 속에서 살아갔습니다.

이집트 초기 왕들은 거의 얼굴을 드러내지 않았으며, 간혹 모습을 보일 때에는 반드시 나뭇가지나 불을 머리에 인 채 나타났습니다. 그들은 가면을 쓰고 광대 노릇을 하며 이러한 기묘한 모습으로 자신들의 백성들에게 존경과 감탄을 불러일으켰습니다. 만약 그들이 그렇게 어리석거나 순종적이지 않았다면 비웃음을 참느라 애를 먹었을 것입니다. 과거의 폭군들이 자신들의 폭정을 세우기 위해 무엇을 했는지, 그들이 얼마나 보잘것없는 수단을 사용하는지 보는 것은 정말로 한탄스러운 일입니다. 언제나 대중이 잘 호응하여 주었기 때문에, 그들은 그물을 치기만 하면 백성들을 사로잡을 수 있었습니다. 그들은 백성을 속이고 가장 많이 조롱하면서 그 어느 때보다도 손쉽게 노예로 만들었습니다.

고대 사람들이 현실처럼 받아들인 또 다른 터무니없는 이야기에 대해 뭐라고 말해야 할까요? 세간에서는 에피루스Epirus의 왕 피로스[34]Pyrrhus의 발가락이 기적을 일으키고 비장이 아픈 사람들을 치유했다고 굳게 믿었습니다. 이 낭설에는 점점 살이 붙어, 왕의 시체를 태우자 발가락이 불타지 않고 잿더미에서 온전히 발견되었다는 이야기가 퍼졌습니다. 대중은 언제나 이렇게 스스로 거짓을 만들어내고 어리석은 믿음을 더해 왔습니다. 많은 작가들이 이 거짓말들을 책으로 전했는데, 그들이 항간에 떠도는 소문과 무지한 이들의 이야기를 간추려 엮었음을 쉽게 알 수 있습니다.

---

34) 피로스(기원전 319년/318년-기원전 272년)는 그리스 서부 해안의 에피루스를 통치하였으며, 훗날 카르타고의 맹장 한니발은 피로스를 세계가 본 위대한 장군으로 평가했다. 피로스는 코끼리를 기병으로 활용하여 로마와의 전쟁을 승리로 이끈 뒤에, "만약 우리가 로마군과 한 번 더 싸워서 승리한다면 우리는 완전히 망할 것입니다."라고 말했다고 한다. 여기에서 피로스의 승리(Pyrrhic Victory)라는 용어는 모든 가치를 잃을 정도로 큰 대가를 치르고 얻은 승리를 의미하게 되었다.

베스파시아누스[35]Vespasian가 아시리아에서 돌아와, 알렉산드리아를 거쳐 로마를 점령하던 시기에 행한 기적들은 또 어떻습니까? 그는 절뚝거리는 사람들을 바로 세우고, 눈먼 이들에게 시력을 되찾아 주었으며, 그 밖에 믿을 수 없는 수많은 일을 행했다고 합니다. 제 생각에는 그가 고친 사람들보다 더 눈이 먼 사람들만이 이러한 일을 믿을 수 있을 것입니다.

---

35) 베스파시아누스(9년~79년)는 로마 제국의 아홉 번째 황제이다.

7장
종교, 권력의 위장 수단

　폭군들조차도 다른 사람이 자신들을 학대하는 것을 사람들이 어떻게 참을 수 있는지 이상하게 여겼습니다. 그래서 그들은 종종 자신들의 악한 삶을 정당화하기 위해 종교의 망토를 기꺼이 두르고 종교적인 장식을 최대한 활용했습니다. 주피터(제우스)로 가장하여 사람들을 조롱했던 그리스 살모네의 왕인 살모네우스[36]Salmoneus를 예로 들겠습니다. 로마 시대 시

---

36) 그리스 신화의 인물로 고대 그리스의 피사시트 지역의 살모네를 건립한 왕이다.

인 버질[37]Virgil의 작품 속 예언가 시빌[38]Sybil에 의하면 그는 지금 지옥 깊은 곳에 있습니다.

"거기에는 알로에우스의 아들들이 거대한 몸으로 누워 있다,

그들은 자신들의 기형적인 머리로 공중을 가르며

신들의 거처에 도전하고,

영원한 왕좌에서 하늘의 왕을 쫓아내려 했다.

거기에서, 나는 그 신성 모독의 라이벌을 보았다,

네 마리 말이 끄는 전차를 타고, 불안정하게

높이 타고 달리며, 주먹에는 반짝이는 큰 횃불을 쥐었다.

그리스인들 사이로, 그리고 엘리스의 중심,

---

37) 베르길리우스(Publius Vergilius Maro)을 말한다. 버질(기원전 70년~기원전 19년)은 로마 시대의 시인으로 그의 대표작으로 로마 건국을 이야기한 『아이네이드Aeneid』가 있다. 아래 시는 아이네이드 6권에 있는 내용으로, 주인공인 아이네아이스가 예언자(시빌)로부터 들은 지하 세계(지옥)의 이야기 중 일부이다. 알로에우스의 아들들은 거인 쌍둥이로 오투스와 에피알테스를 말한다. 이들은 신들과 싸우기 위해 하늘로 오르려다 제우스의 벼락에 맞아 죽는다.

38) 시빌은 그리스 신화에서 예언자로 통하며, 버질은 시빌을 예언가이자 지하 세계(하데스)로 가는 안내자의 역할로도 묘사했다.

시장 광장으로 대담하게 들어갔다.

그리하여 그는 자만심을 드러내며

신들만이 분명히 가질 수 있는 영예를 드러내려고 했다.

손에 횃불을 들고 공포를 부렸다.

광기에 사로잡힌 자가, 천상의 주인이라 주장하며,

그의 전차와 청동 다리의 소리로

폭풍과 비길 수 없는 번개를 흉내 냈다!

하지만 제우스는 진짜 번개를 던져

전차와 말과 번개와 신을

불의 소용돌이로 덮으며 뒤집었다.

그의 승리는 짧았고, 그의 고통은 영원하다."

그가 오만하고 어리석게 행동한 벌로 지옥에 간 것이라면, 자신의 추악함을 숨기기 위해 종교를 망토로 두른 자들은 지옥에 들어가야 마땅하다고 생각합니다.

8장

프랑스의 예

우리 프랑스의 폭군들도 비슷한 것을 뿌렸습니다. 두꺼비, 백합꽃, 성유병sacred vessels과 황금 불꽃의 깃발(오리플람)[39] 등이 그 예입니다. 나는 이 모든 것이 그저 터무니없는 것들이라고 생각하지 않습니다.

우리 조상들이 이것들을 믿었고, 우리 시대에는 그것들을 의심할 기회가 전혀 없었기 때문입니다. 왜냐하면 왕들은 평화의 시기에는 항상 너무나 관대하고 전쟁의 시기에는 너무나 용감해서, 마치 자연이

---

39) 오리플람(Oriflamme)은 황금 불꽃에서 유래했으며, 프랑스 왕의 전투를 상징하는 깃발이다.

그들을 다르게 빚은 듯 전능한 신이 그들을 왕으로 태어나기 전에 선택하여 왕국의 정부와 보호를 맡긴 것 같습니다.

(그림) 프랑스 왕의 상징 (출처: 위키미디어 커먼스)

① ② ③ ④

① 프랑스 왕인 클로비스의 문장(紋章)

② 프랑스 왕국의 왕관 방패와 백합꽃 문양

　*플뢰르 드 리스Fleur-de-lis

③ 프랑스 성유병(12세기)

④ 프랑스 루이 6세(1108~1137) 시대 오리플람

설령 이것이 사실이 아니라 해도, 저는 우리 역사의 진실성을 논의하기 위해 경연장에 나서거나, 우리 프랑스 시의 아름다운 주제를 빼앗기 위해 너무 엄격한 잣대를 들이밀고 싶지는 않습니다. 우리 프랑스 시는 단순히 장식되어 있는 것이 아니라, 롱사르, 바이프[40], 뒤 벨레[41]Bellay에 의해 마치 새로 만들어진 것과도 같습니다. 그들이 우리 언어를 그토록 발전시켰기 때문에 곧 우리는 고대 그리스인들이나 라틴인들에게 선배의 권리를 제외하고는 부러워할 것이 없습니다.

분명히, 나는 우리의 시에 큰 해를 끼칠 것입니다 (나는 이 단어를 즐겨 사용하는데, 그것이 마음에 들

---

40) 바이프(Jean-Antoine de Baïf, 1532-1589)는 프랑스 르네상스 시기의 중요한 시인 중 한 명으로, 플레이아드 그룹의 일원이었다. 이 그룹은 프랑스 문학과 언어를 높이기 위해 노력했으며, 고전 고대의 문학적 형식과 주제를 부활시키려는 목표를 가졌다.

41) 뒤 벨레(Joachim du Bellay, 1522-1560)는 프랑스 르네상스 시대의 주요 시인 중 한 명이며, 플레이아드 그룹의 일원이었다.

기 때문입니다. 비록 많은 이들이 순전히 기계적으로 운율을 맞추었지만, 오늘날에도 시를 고귀하게 다루고 초기의 광채를 되돌려줄 수 있는 다른 많은 이들을 충분히 보고 있습니다). 클로비스Clovis 왕에 관한 그 재미있는 이야기들을 빼앗는다면, 우리 롱사르Ronsard가 프랑시아드[42]Franciade에서 그토록 즐겁고 쉽게 펼쳐질 그의 재능에 큰 해를 끼칠 것입니다. 나는 그의 의미를 파악하고, 그의 영리한 정신을 알고, 그 사람의 우아함을 압니다. 그는 우리의 오리플람을 로마인들이 그들의 안킬라ancilla, 즉 '하늘에서 던져진 방패들'에 대해 했던 것처럼 다룰 것입니다, 버질이 말한 것처럼. 그는 우리의 성유병을 아테네인들이 에리히토니우스[43]Ericthonius의 바구니에서 얻어낸 것만큼 잘 사용할 것입니다. 그는 우리의 문장을 그들

---

42) 피에르 드 롱사르(1524년 ~ 1585년)는 프랑스의 시인으로 플레이아드 그룹의 일원이었다. 그의 서사시 프랑시아드는 프랑스의 건국을 이야기한다.

43) 에리히토니우스는 그리스 신화에서 아테네의 초기 통치자다. 바구니는 에리히토니우스의 탄생과 연관이 있다.

이 미네르바[44]Minerva의 탑에 아직도 존재한다고 주장하는 로마인의 올리브나무에 대해 말한 것만큼 잘 이야기할 것입니다. 분명히 저는 우리의 기록에 대해 비난을 시도하려고 하거나, 우리 시인들의 영역을 침범할 정도로 무모하지는 않을 것입니다.

어쩌다 이렇게 멀리 왔는지 모르겠습니다만, 다시 원래 주제로 돌아가 보겠습니다. 분명한 것은 폭군들이 자기 입지를 공고히 하기 위해 사람들을 순종과 노예 상태에 길들였을 뿐 아니라, 자신들에게 헌신하는 일마저 익숙해지도록 하려 애썼다는 것이 분명하지 않습니까? 아울러 지금까지 언급한 노예로 끌어들이는 폭군들의 방식은 모두 무지한 소시민들에게만 적용됩니다.

---

44) 그리스의 아테네 여신을 로마에서는 미네르바라고 한다. 지혜의 상징이며, 올빼미, 올리브나무 등이 그녀의 상징으로 많이 등장한다.

3부

부패한 사람들의 네트워크에서
나오는 폭군의 권력

1장

폭군과 소수의 조력자, 부패의 사슬

이제 지배의 핵심이자 비밀, 모든 폭정의 지지와 기반으로 여겨지는 것에 대해 이야기하려 합니다. 그에 앞서, 창·경비병·순찰이 폭군을 보호한다는 생각은 크나큰 착각임을 말해 두겠습니다. 그들은 형식적으로, 혹은 겁을 줄 요량으로 이것들을 사용할 뿐 실제로 의지하지는 않습니다. 예컨대 궁수들은 별볼일 없는 사람들이 궁전에 들어가지 못하도록 통제하지만, 실제로 무장한 대담한 이들을 막지는 못합니다. 로마 황제 중에는 궁수들의 도움으로 위험을 모면한 사람보다 그들의 손에 죽은 사람[45]들이 더 많습니다.

---

45) 거의 로마 황제의 3분의 1이 자신의 부하나 지인에 의해 살해되었다.

믿기 어려울지 모르나 폭군을 보호하는 것은 기병대나 보병대, 무기가 아니라 그를 지지하고 온 나라를 그에게 무릎 꿇리는 소수의 사람들입니다. 그 대여섯 사람은 제 발로 접근하거나 왕의 부름을 받고 폭군의 귀와 같은 역할을 수행합니다. 나아가 왕의 잔혹함에 동조하고 쾌락을 함께하며 방탕의 알선자가 되고, 이익을 얻기 위해 사람들을 수탈하기도 합니다.

이들이 그렇게 구워삶은 폭군은 사회에 큰 해악이 됩니다. 이것은 우두머리 자신의 부덕에 여럿의 악함이 모여서 일어나는 일입니다. 이 여섯 명 아래에는 600명이 있으며, 여섯 명에 의해 부패해진 이 600명은 그들 휘하에 다시 6,000명을 모아 감투를 씌워 다스립니다. 지방을 통치하거나 재정을 관리하도록 탐욕과 잔혹함으로 그들을 묶어두고, 필요할 때 그들을 부리는 것입니다. 그들 대여섯 사람은 자신들의 그늘 밑에서만 그들의 힘이 유지될 수 있게 하고, 법과 처벌로부터 벗어날 수 있도록 합니다.

이들을 따르는 긴 줄을 따라가 보면 6천 명이 아니라 10만 명, 아니 수백만 명이 폭군에게 이어진 끊임없는 사슬로 연결되어 있음을 볼 것입니다, 마치 호메로스의 작품 속에서 사슬을 당기면 모든 신들이 자기에게 끌려올 것이라며 큰소리치는 제우스의 말처럼 말입니다. 여기서 율리우스 카이사르[46] 치하에서 상원(세나트)의 권력이 커지고, 새로운 직무와 관직이 만들어진 경위가 등장합니다, 정의를 바로 세우기 위해서가 아니라 전제정치에 새로운 지지를 제공하기 위해서이지요. 결론적으로 폭군이 제공하는 혜택 덕분에, 독재로 이득을 보는 사람이 거의 자유를 선호하는 이들만큼 많아졌습니다.

　　의사들의 말에 따르면, 우리 몸에서 아무것도 변한 것이 없어 보이더라도 어느 한 곳에 종양이 나타

---

46) 줄리어스 시저Gaius Julius Caesar(기원전 100년~기원전 44년)를 말한다. 그는 로마 공화정 시대의 독재관으로 로마 공화정이 제국으로 발전하는 기반을 닦은 인물이다.

나면 모든 체액이 그 병든 부위로 몰려간다고 합니다. 마찬가지로 어느 왕이 자신을 폭군으로 선언하면, 나라의 모든 나쁜 것들, 모든 찌꺼기가 그 주위로 모여듭니다. 나라에 별 영향을 주지 못하는 야바위꾼들이나 귀가 없는 건달[47]들이 아니라, 거대한 폭군 아래에서 그를 지지하며 전리품을 나누는, 강렬한 야망과 눈에 띄는 탐욕을 가진 작은 폭군들을 말하는 것입니다.

이들은 규모가 큰 도둑들이나 유명한 해적들과 궤를 같이합니다. 어떤 사람들은 땅을 누비고, 다른 사람들은 여행자를 쫓습니다. 누군가 매복할 때 다른 이들은 감시합니다. 어떤 사람은 학살을 자행하고, 어떤 사람은 약탈합니다. 그들은 두목과 부하라

---

47) 도둑질에 대한 처벌로 귀를 자르는 것은 매우 오래된 관습이다. 중세 시대에는 성 루이 아래에서도 여전히 이 관행이 시행되었다. 이렇게 훼손된 남성들은 신체가 훼손된 자들은 불명예를 얻었고, 성직자나 관리직에 관리직으로 진출할 수 없었다.

는 점에서 우위는 있을지라도 이익을 얻지 못하는 이는 없습니다. 킬리키아[48]Cilicia 해적들이 늘어나 그들에게 대항하여 위대한 폼페이우스[49]Gnaeus Pompeius Magnus를 보냈을 때, 해적들은 아름다운 항구 마을들을 동맹에 끌어들였습니다. 그 덕분에 그들은 노략질을 마치고 항구로 돌아와 안전하게 지냈으며, 마을에는 무리를 지켜준 대가로 그들이 숨겨둔 약탈물의 일부를 주었습니다.

폭군은 서로를 통해 주민들을 노예로 만듭니다. 그는 자신이 경계해야 할 사람들에게 보호받지만, 만약 그들이 제대로 된 사람들이었다면 그는 그들로부

48) 킬리키아(그리스어)는 오늘날 튀르키예의 동남부 해안에 있던, 초기 로마의 속주 중 하나이다. 기원전 67년 폼페이우스의 동방 원정 때 로마의 속주로 편입되기 전까지 킬리키아 해적은 지중해 해적의 대명사였다.

49) 그나이우스 폼페이우스(기원전 106년~기원전 48년), 로마 공화정 말기 최고의 군사적 천재이자 정치인, 율리우스 카이사르와의 결전에서 패배하여 죽었다.

터 자신을 지켜야만 했을 것입니다. 나무를 쪼개기 위해서는 나무 자체로 만든 쐐기를 사용합니다. 그의 궁수들, 경비병들, 창병들이 바로 그런 쐐기입니다. 이들 역시 종종 고통을 겪지만, 신과 사람에게 버림받은 이 불쌍한 이들은 그들에게 고통을 주는 이가 아니라, 그들처럼 고통을 겪고 있는 이들에게 악을 행하며 고통을 참아내는 데 만족합니다. 폭군에게 아첨하며 그의 폭정과 백성의 노예 상태를 이용하려는 이들을 생각할 때, 나는 그들의 악함에 놀라는 만큼 그들의 어리석음에 안타까움을 느낍니다.

2장
폭군에게 다가가는 대가, 자유의 상실

　사실 폭군에게 다가가는 것은 자신의 자유를 멀리하고, 말하자면 자신의 노예 상태를 두 손으로 감싸고 껴안는 것과 다름없습니다. 잠시만 야망을 접어두고 탐욕에서 벗어나 자신을 돌아보면, 그들이 죄수나 노예처럼 다루며 짓밟은 농부들과 장인들이 그들보다 더 행복하고 어떤 면에서는 더 자유롭다는 것을 깨닫게 될 것입니다. 농부와 장인은 노예가 되어도 복종함으로써 해방되지만 폭군 주변의 사람들은 그의 호의를 구걸하며 아첨합니다. 그들은 그의 명령에 따를 뿐만 아니라, 이따금 그를 만족시키기 위해 그가 바라는 것을 미리 알아야 합니다. 복종하는 것으로는 충분하지 않으므로 기쁨을 주어야 하고, 그의 일에 자신을 혹사해 가며 죽도록 노력해야 합니다. 아울러 그가 즐거워하는 것에만 즐거움을 느끼도록 그의 취향을 앞세워 자신의 성향을 억누르고 본성을 버려야 합니다. 그의 뜻을 살피고 은밀한 생각을 추측해야 하므로 그의 말과 목소리, 눈빛, 몸짓에 주의를 기울이고 눈과 손발을 바삐 움직여야 합니다.

이런 삶이 과연 행복할까요? 아니, 살아 있다고 볼 수나 있을까요? 용기 있는 사람들은 말할 것도 없고, 상식이 있으며 인간의 모습을 한 사람이라면 누구든 결코 참을 수 없는 일이 아닐까요? 자신의 것이 아무것도 없고 다른 사람에게 안정과 자유, 신체, 그리고 생명을 의탁하는 것보다 더 비참한 상황이 있을까요?

하지만 그들은 재산을 모으기 위해 복종하려 합니다. 마치 그들이 자신들조차 자신들의 것이라고 말할 수 없으면서, 자신들의 것이 될 수 있는 무언가를 얻을 수 있는 것처럼 말입니다. 폭군 아래서 누군가가 자기 것이라고 할 수 있는 무언가를 가질 수 있을 것처럼, 그들은 재산을 소유하려 합니다. 그들은 재물을 소유하고 싶어하면서도, 폭군에게 전부를 빼앗기고도 누구도 권리를 주장할 수 없게 만드는 힘을 주는 사람이 바로 자신들임을 잊어버립니다. 사실 그들은 재물이 폭군의 잔인성에 더욱 의존하게 만든다는 것을 알고 있습니다. 폭군에게는 이익을 추구하는 일보다 더 죽어 마땅한 범죄는 없습니다. 사람들은 폭군이 돈을 무엇보다 사랑하여 부자들을 주로 노린다는 것을 알고 있습니다. 그럼에도 그들은 도살자 앞에 선 양처럼, 폭군이 탐낼 만큼 살이 오른 모습으로 그의 눈앞에 나타납니다.

이 총애받는 자들은 폭군 곁에서 많은 이익을 얻은 이들을 기억하기보다는, 잠시 잘 먹고 살다가 곧 재산과 생명을 잃은 이들을 더 기억해야 합니다. 그들은 부를 얻은 많은 사람을 생각하기보다는, 그것을 유지한 소수의 사람에 대해 더 생각해야 합니다. 모든 고대 역사를 훑어보고 우리가 기억하는 모든 사례를 되새겨보면, 부정한 방식(폭군의 악한 성향에도 아첨하거나 그들의 순진함을 이용)으로 왕에게 접근했던 많은 사람이 결국 그 왕들에 의해 짓밟혔다는 것을 볼 수 있습니다. 그들은 폭군들이 자신들을 끌어올리는 것만큼, 변덕스럽게 언제 버려질지도 모른다는 불안에 시달렸습니다. 나쁜 왕들 곁에 있었던 많은 사람 중에, 그 전에 다른 사람들에게 겨냥했던 폭군의 잔혹함을 직접 경험하지 않은 이들은 거의 없거나 아예 없을 것입니다. 그들은 종종 그의 호의의 그늘에서 다른 이들의 노획물로 부를 축적했지만, 결국 그들 자신의 노획물로 폭군을 부유하게 했습니다.

3장

폭군의 위선과 악

　심지어 착한 사람들도 그들이 폭군의 호의 속에서 얼마나 높은 위치에 있든, 그들 안에서 빛나는 덕과 정직이 얼마나 뛰어나든(가끔 폭군이 그들을 좋아하기도 하며, 가까이서 볼 때는 심지어 악인들에게도 어느 정도 존경을 불러일으킵니다) 폭군 옆에서 자리를 유지할 수 없습니다. 그들 역시 공통의 악을 느껴야 하며, 해(害)를 입으며, 폭정을 경험하게 됩니다.

세네카[50]Seneca, 부루스[51]Burrus, 트라세아[52] Thrasea 같은 사람들이 있습니다. 이 선한 사람들 삼인방 중 두 명은 폭군에게 접근해 그의 일을 맡았고, 둘 다 그에게 사랑받았으며, 그중 한 명은 그를 키웠고, 그의 어린 시절에 대한 보살핌으로 그와 우정의 증거를 가졌지만, 이 세 사람의 죽음이 그토록 잔인했던 것은, 악한 주인의 호의에 대한 신뢰를 가져서는 안 된다는 것을 충분히 보여주는 예가 아닐까요? 실로, 오직 복종만 하는 전체 왕국을 미워할 만큼 마음이 딱딱한 사람에게 어떤 우정을 기대할 수 있겠습니까, 사랑하는 법을 모르는 존재는 자신을 가난하게 만들고 자신의 제국을 파괴합니다.

---

50) 로마 황제 네로의 가정교사이자 고문이었던 세네카는 네로 암살 사건(서기 65년)에 휘말려 자살한다.

51) 네로 황제를 옹립하는 데 도움을 주었으며, 네로 황제의 고문이자, 근위대 대장이었다. 세네카와 함께 로마를 안정적으로 운영하는 역할을 하였으나, 네로에 의해 죽임을 당한다.

52) 트라세아 파에투스(서기 66년 사망)는 로마 원로원 의원으로 네로 황제를 반대하다가 눈 밖에 나 사형선고를 받고 자살한다.

만약 세네카, 부루스, 트라세아가 불행을 겪은 것이 그들이 너무 선한 사람들이었기 때문이라고 말하고 싶다면, 네로 주변을 주의 깊게 살펴보십시오. 그와 호의를 유지하며 그들의 악함으로 자리를 지킨 모든 이들이 더 나은 결말을 맞이하지 않았음을 보게 될 것입니다. 누가 그처럼 무절제한 사랑, 그처럼 완고한 애정을 들어봤으며, 누가 그가 포파이아[53]Poppaea에게 그랬던 것처럼 한 여자에게 그토록 고집스레 집착한 사람을 본 적이 있습니까? 그런데 그는 직접 그녀를 독살했습니다. 그의 어머니 아그리피나Agrippina는 그를 왕좌에 올리기 위해 남편인 클라우디우스Claudius를 죽였고, 그를 위해 모든 것을 감행하고 모든 고통을 견뎠습니다. 그럼에도 그녀의 아들, 그녀가 키운 아이, 그녀가 직접 황제로 만든 그가

---

53) 포파이아 사비나(Poppaea Sabina, A.D 30년~65년)는 네로 황제의 두 번째 부인으로 로마 황후였다. 그녀는 또한 미래의 황제 오토(Otho)의 아내이기도 했다. 네로가 독살했다고 하고, 폭행해서 사망했다고 하나 정확한 사실은 알려지지 않았다.

그녀를 여러 번 학대한 끝에 목숨을 빼앗았습니다. 그녀가 그런 처벌을 받을 만했다고 부인하는 사람은 없었지만, 그것이 다른 누구에 의해 이루어졌다면 말이죠.

황제 클라우디우스Claudius보다 더 다루기 쉽고, 더 순진하며, 더 정확히 말하자면 더 어리석은 사람이 누가 있었을까요? 메살리나[54]Messalina에게 그렇게 휘둘린 사람이 그보다 더 있었을까요? 그러나, 그는 그녀를 사형 집행인에게 넘겼습니다. 어리석은 폭군들은 결코 선을 행할 줄 모르지만, 마침내 그들에게 조금 남은 지혜가 깨어나면 자신들의 가까운 이들에게조차 잔혹함을 사용합니다. 그 황제 중 하나가, '그녀 없이는 살 수 없다'고 할 정도로 사랑하던 아내의 목이 드러난 것을 보고 건넨 말을 잘 알고 있습니

---

54) 로마 황제 클라우디우스의 세 번째 아내였다. 권력을 잡은 뒤에 메살리나는 무자비하고, 약탈적이며, 성적으로 만족할 줄 모른다는 평판을 받았으며, 남편 살해 음모로 처형당한다.

다. "내가 명령하면 곧 이 아름다운 목을 자를 거야."라는 잔혹한 말을 그녀에게 했습니다. 이것이 대부분의 고대 폭군이 거의 모두 자신들이 총애하는 이들에게 살해된 이유입니다. 그들은 폭정의 본성을 알고 있었으며, 폭군의 의지에 대해 그다지 안심하지 못했고 그의 힘을 의심했습니다. 이렇게 해서 도미티아누스[55]Domitianus는 스테파누스Stephen에 의해, 코모두스[56]Commodus는 자신의 애인 중 한 명에게, 카라칼라[57]Caracalla는 마크리누스Macrinus에 의해 선동된 마르티알리스Martialis에 의해 살해되었고 거의 모든 다른 이들도 마찬가지였습니다.

---

55) 도미티아누스 (서기 81년~96년 재위)는 로마 황제로 베스파시아누스의 둘째 아들이다.

56) 코모두스 황제(서기 180년~192년 재위)는 마르쿠스 아우렐리우스 황제에 의해 양자로 입양된 뒤에 황제로 임명된다.

57) 카라칼라(서기 212년~217년 재위)의 정식 이름은 안토니누스Antoninus이며, 로마 제국의 21대 황제이다.

폭군은 결코 사랑을 하지 않으며 사랑받지도 못합니다. 우정은 신성한 이름, 거룩한 것입니다. 그것은 오직 선한 사람들 사이에서만 존재합니다. 우정은 상호 존중에서 태어나고 은혜보다는 정직함으로 유지됩니다. 한 친구가 다른 친구를 확신하는 것은 그의 성실함을 안다는 뜻입니다. 그의 선한 본성, 충실함, 일관성이 그를 보증하는 척도가 됩니다. 잔혹함, 불성실함, 부정이 있는 곳에는 우정이 있을 수 없습니다. 악인들이 모일 때, 그것은 결사가 아닌 공모입니다. 그들은 서로를 사랑하는 것이 아니라 두려워합니다. 그들은 친구가 아니라 공범자입니다.

설사 그렇지 않다고 하더라도 폭군에게서 확실한 사랑을 찾기는 어려울 것입니다. 왜냐하면 그가 모든 이들 위에 있고 동등한 사람이 없으므로, 그는 이미 우정의 범위를 넘어섰기 때문입니다. 우정은 평등에서 꽃피우며, 그 걸음은 항상 균등하고 절대로 비틀거리지 않습니다. 도둑들 사이에서 전리품을 나눌 때

어느 정도 선의가 있다고 하는 것은 그들이 모두 동등한 동료이기 때문입니다. 그들은 서로를 사랑하지 않더라도 적어도 서로를 두려워하며, 분열함으로써 그들의 힘이 약해지는 것을 원하지 않습니다.

4장

폭군에 대한 지지, 비참한 삶

폭군의 총애를 받는 이들은 자신들이 그에게 모든 것을 할 수 있다고, 어떤 권리나 의무도 그를 구속하지 않는다고, 그의 의지 외에는 이유가 없다고, 그에게 동등한 이가 없으며 모든 이의 주인이라고 학습했기 때문에 오히려 그에게서 결코 완전히 안전하다고 할 수 없습니다. 그렇게 많은 선례가 존재하고 현재의 위험을 알고 있음에도 불구하고 남의 불행에서 교훈을 얻으려 하지 않고, 많은 사람이 여전히 폭군에게 기꺼이 다가가는 것이 얼마나 한심한 일입니까? 아픈 척하는 사자에게 다가가지 않은 이솝Aesop 우화 속 여우처럼, "네 굴에 방문하고 싶지만, 들어가는 발자국은 많이 보여도 나오는 발자국은 하나도 보이

지 않아."라고 용기 있고 현명하게 말할 사람이 하나
도 없습니다.

이 불쌍한 이들은 폭군의 보물을 보고 그의 화려
함에 넋을 잃고 감탄합니다. 그 빛에 이끌려 다가가
지만, 자신들이 삼켜질 불길 속으로 뛰어드는 것을
깨닫지 못합니다. 이솝 우화 속 무모한 사티로스Satyr
처럼, 프로메테우스Prometheus가 훔친 불빛이 반짝
일 때 그것이 아름답다고 여겨 입맞춤하러 가다가 불
에 타버립니다. 루카누스[58]Lucanus가 말했듯이 빛나
는 것을 보고 즐거움을 얻으려던 나방처럼, 불로 다
가가다가 불이 자신들을 태울 수도 있다는 것을 곧
깨닫게 됩니다.

---

58) 마르쿠스 안나이우스 루카누스(Marcus Annaeus Lucanus, 39년
~65년)는 로마의 정치가이자 서정 시인, 철학자이다. 철학자 세네카의
조카이기도 하다. 다른 번역본(일본)에서는 루카누스가 아닌 이탈리아
의 시인 페트라르카(1304년~1374년)로 말하기도 한다. 이는 페트라르
카의 시 중 나방(moth)를 자신에 비유하여 쓴 『Sonnet XVII』를 고려
한 것이다.

하지만 총애를 받는 이들이 그들이 섬기는 자의 손아귀에서 벗어난다 해도, 그 뒤를 이은 왕의 손에서는 결코 벗어나지 못합니다. 그가 선하다면 그들은 이성에 따라 책임을 져야 하고, 그가 자신의 전 주인처럼 나쁘다면 그 역시 추종하는 자들을 가질 텐데, 그들은 보통 자리를 차지하는 것으로 만족하지 않고 대부분 그들의 재산과 생명까지 빼앗습니다. 어떻게 그렇게 큰 위험을 앞에 두고 그렇게 적은 보상으로, 기꺼이 불행한 위치를 차지하고 그토록 위험한 주인을 섬기려는 사람이 있을 수 있을까요?

어떤 고통이고, 어떤 희생인가요? 선한 신이여! 밤낮으로 한 사람에게 잘 보이려 애쓰면서, 이 세상 어떤 이보다도 그를 더 경계해야 한다니. 언제 어디서 일격이 날아올지, 함정이 어디 있는지 알지 못하며 경쟁자의 속내를 파악하고, 배신자를 가려내기 위해 항상 눈과 귀를 열고 있어야 한다니. 모두에게 미소를 지으며 모두를 의심하고, 분명한 적도 확실한 친구도 없으며, 마음은 얼어붙어 있지만 항상 웃는 얼굴을 보여야 하며, 기뻐할 수도 없고, 슬퍼할 수도 없다니!

이 큰 고통에서 그들이 얻는 것을 생각해 보면 참으로 우습습니다. 그들이 겪는 고난과 비참한 삶에서 기대할 수 있는 선은 무엇일까요? 사람들은 자신들이 겪는 고통의 원인으로 폭군을 탓하지 않고, 폭군에게 영향을 미치는 사람들에게 책임을 돌립니다.

사람들, 민족들, 국가들은 모두 경쟁하듯 그들의 악행을 늘어놓습니다, 농부들과 노동자들까지 그들의 이름을 알고, 그들의 악덕을 열거하며 그들에게 천 가지 모욕, 천 가지 욕설, 천 가지 악담을 쏟아냅니다. 모든 기도와 저주가 그들을 향하며 모든 불행, 모든 전염병, 모든 기근이 그들에게 돌아갑니다. 누군가 때로 그들에게 경의를 표하는 시늉을 해도 마음속으로는 그들을 저주하며 야생 동물보다 더 혐오합니다. 이것이 그들이 폭군을 섬기며 얻는 영광과 명예입니다. 사람들은 그들의 몸 조각마저 갖고 싶어하며, 고통에 대한 만족이나 위안의 절반도 얻지 못했다고 느낍니다. 그들이 죽은 후에도 후세 사람들은 그들의 이름을 수천 개 펜의 먹물로 얼룩지게 하고, 수천 권의 책에서 그들의 명성을 찢어버리려 애씁니다. 마치 그들이 죽음 이후에도 악한 삶에 대한 벌을 받아야 한다는 듯 그들의 뼈조차 후세에 진흙 속으로 끌려갑니다.

그러므로 배우고 선을 행합시다. 우리의 명예를 위해, 혹은 덕에 대한 사랑을 위해, 더 나아가 전능하신 하느님을 위해 하늘을 우러러봅시다. 그분은 우리의 행위를 목격하고 우리의 잘못을 심판하시는 분입니다. 그리고 저는 틀리지 않았다고 믿습니다. 폭정이 선하고 관대한 하나님과 가장 반대되는 것이므로, 그분은 폭군들과 그들의 공범자들을 위해 저 너머에 특별한 벌을 준비하고 계실 것입니다.

부록

에티엔 드 라 보에시의 삶

1530년 11월 1일. 페르고르Périgord 지방의 사를라Sarlat에서 출생했습니다. 페르고르의 세네셜Seneschal의 특별 부관인 부친과 레르무Lherm의 영주의 딸인 필리프 드 칼비몽Philippe de Calvimont의 세 번째 자녀이자 외아들입니다. 그의 아버지는 일찍 세상을 떠났고, 라 보에시는 그의 삼촌이자 대부인 부이요나스 경Sieur de Bouilhonas에게 교육을 받았습니다. 부이요나스 경은 학식이 풍부한 성직자로, 라 보에시에게 문학에 대한 사랑과 그리스 및 라틴의 가치, 그리고 법률에 대한 관심을 전해주었습니다.

1546년

보르도Bordeaux 대학교에 입학하여 법학 공부를 시작하였습니다.

1548년

18세에 보르도 대학교에서 법학 학위를 취득합니다. 이 시기에 대표작인 『자발적 노예론 Le Discours de la Servitude Volontaire ou Le Contr'un』를 집필한 것으로 추정됩니다. 이후 그는 오를레앙Orléans 대학교에 진학하여 법학 공부를 계속했습니다.

1552년

마르그리트 드 카를 드 몽티니Marguerite de Carle de Montigny와 결혼했습니다.

1553년

오를레앙 대학에서 법학 석사 학위를 취득하고, 보르도 고등법원Parlement de Bordeaux의 판사로 임명됩니다.

1557년

보르도 의회에서 미셸 드 몽테뉴Michel de Montaigne와 만나 깊은 우정을 쌓기 시작합니다.

1562년

프랑스 종교전쟁[59](구교인 가톨릭과 신교인 위그노 간)에 휘말립니다. 가톨릭의 폭력으로부터 위그노 Huguenots를 보호하기 위하여 1562년 1월 칙령Édit de janvier에 실권자인 카트린 드 메디시스Catherine de Médicis(사망한 앙리 2세Henri II의 왕비)가 서명 했습니다. 그러나, 3월 1일 카톨릭 교도가 위그노 를 공격한 바시 대학살Massacre de Vassy을 시작으로 종교 전쟁이 본격화됩니다. 라 보에시는 『1월 칙령

---

59) 알렉상드르 뒤마의 소설을 원작으로 하고 프랑스에서 1994년 개봉 된 영화 「여왕 마고Queen Margot」는 이 시대의 상황을 사실적으로 묘 사하고 있다.

에 관한 회고록」을 썼습니다. 그는 가톨릭교를 국교로 지지했지만, 가톨릭교와 신교를 화해시킬 수 있는 '개혁 가톨릭교'를 옹호했습니다. 12월에 보르도로 진군하고 있는 위그노 교도들을 제지하기 위해 고등법원 동료 11명과 함께 파견됩니다.

1563년

이 임무를 마치고 돌아온 라 보에시는 병(페스트로 추정)에 걸렸습니다. 인근의 처가가 있는 메독Médoc으로 향하던 중 병이 악화되어 32세의 나이로 사망합니다. 그는 절친한 몽테뉴에게 자신의 저서와 서재를 물려주었으며, 몽테뉴는 그의 죽음을 깊이 슬퍼하며 에세Essais에서 그를 추모했습니다.

1576년

프로테스탄트 목사 시몬 고랭Simon Goulart이 저자를 라 보에시로 하여 처음 출간하였습니다. (1574년에는 저자를 익명으로 하여 출간)

라 보에시와 몽테뉴

   미셸 드 몽테뉴Michel de Montaigne는 그의 『에세』 중 "우정에 관하여On Friendship"에서 에티엔 드 라 보에시Etienne de La Boétie와의 깊은 우정에 대해 언급했습니다. 이 에세이는 몽테뉴의 『에세』 첫 번째 권에 수록되어 있으며, 특히 '제1권 제28장'에서 라 보에시에 대한 언급이 나옵니다.

   몽테뉴는 이 글 『자발적 노예론 Le Discours de la Servitude Volontaire ou Le Contr'un』을 통해 처음 라 보에시의 이름을 알게 되었다고 합니다. 그는 이 글을 완벽한 글이라고 평가합니다. 몽테뉴는 자기보다 3살 많은 라 보에시로부터 사상의 영향과

영감을 많이 받은 것으로 보입니다.

몽테뉴는 라 보에시와의 우정을 '완벽한 우정'으로 묘사하며, 이러한 우정은 매우 드물고 유일한 것이라고 강조합니다. 그는 라 보에시와의 관계를 통해 경험한 우정의 깊이와 풍부함을 설명하면서 이러한 우정이 얼마나 특별한지를 표현합니다. 몽테뉴는 라 보에시와의 우정이 자신의 삶에서 가장 소중한 것 중 하나였다고 회상하며, 라 보에시의 죽음이 자신에게 얼마나 큰 상실감을 주었는지를 드러냅니다. 몽테뉴는 『우정에 관하여』에서 라 보에시와의 관계를 다음과 같이 설명합니다.

"왜냐하면 그것은 그 자체로 완전했고, 그 자체로 한계가 없었으며, 그 자체로 그 어떤 다른 우정보다 우월했기 때문이다. 그것은 영혼이 어떻게든 더 깊이, 더 근본적으로 결합할 수 있음을 나에게 가르쳐 주었다."

이 구절에서 몽테뉴는 라 보에시와의 우정이 단순한 친밀감을 넘어서 영혼의 깊은 결합을 경험했음을 드러냅니다. 몽테뉴와 라 보에시의 관계는 서로에 대한 깊은 이해와 존중, 무조건적인 지지를 바탕으로 한 것이었습니다. 몽테뉴의 『에세』를 보면 라 보에시가 언급한 대부분 인물이 내용에 등장하고 있어, 몽테뉴가 라 보에시의 영향을 많이 받은 것으로 보입니다.

몽테뉴는 이 글을 자신의 저작인 『에세』에 넣으려다가 사회의 급격한 변화를 이끄는 세력(몽테뉴의 표현으로는 사회를 뒤엎으려는 나쁜 목적의 선동적인 세력)에 의해 확산하는 것을 보고 생각을 바꾸었습니다. 라 보에시의 글은 출간하기 전에 널리 읽히면서 사회적 영향력을 가졌던 것으로 보입니다. 몽테뉴가 『에세』에서 라 보에시의 글을 16세에 쓴, 연습 삼아 다루어본 글이라고 말을 바꾼 것은 명성을 얻고 안정된 생활을 누리고 있었던 몽테뉴에게는 라 보에시의 글이 하나의 부담이었기 때문입니다.

　여러 정황을 보면 『자발적 노예론Le Discours de la Servitude Volontaire ou Le Contr'un』은 한 번에 완성된 것이 아니고, 16세쯤 초고가 쓰인 뒤 18세에 이르러 완성된 것으로 보입니다. 그의 사후에 출간되었기 때문에 다양한 판본이 존재하기는 하나 전반적인 글의 내용이나 흐름은 거의 동일하다고 볼 수 있습니다.

역자 후기

과거 없는 현재는 존재하지 않는다

라 보에시는 이 책에서 습관과 교육의 중요성, 그 영향을 이야기합니다. 폭군과 타협하고 복종을 대가로 권력과 돈을 움켜쥔 경우, 자신의 정당성을 끊임없이 의식 속에 집어넣고 합리화하고자 노력합니다. 이러한 자기 정당화는 세대를 넘어 후손으로 이어집니다. 후손들은 부친이나 위 세대의 이러한 역사성과 의식을 받아들입니다.

그리고 노예 상태에서 태어난 사람은 복종을 당연하게 여깁니다. 이는 교육과 의식의 역사성을 말해줌니다. 노예가 노예 상태로 계속 머물기를 원하는 지배 계층(폭군을 포함)은 끊임없이 그 정당성을 교육하고 전파합니다. 노예가 노예 상태를 거부하고 자유를 주장하거나 자유 의지를 내비치면 가혹한 형벌이 기다립니다. 이러한 현상은 작은 조직에서 국가에 이르기까지 널리 퍼져 있습니다.

폭력과 압제의 사슬은 굉장히 촘촘합니다. 종종 이러한 사슬의 중심에 대리인을 내세웁니다. 일제 강점기 농촌 현실을 쓴 이기영의 『고향』이라는 단편 소설은 소작농을 관리하는 마름인 안승학과 마을 사람들의 갈등과 투쟁을 이야기합니다. 사실 수탈 구조는 일본 – 지주인 민판서 – 마름 안승학으로 이어집니다. 그러나 마름 안승학의 전횡을 해결하는 것으로 마무리됩니다. 지주인 민판서는 합리적인 자로 남습니다. 안승학의 전횡과 권력의 향유는 지주인 민판서에 대한 충성심에 기인한 것입니다. 권력의 계층 단계가 복잡할수록 대리인과의 갈등이 모든 문제의 본

질인 양 잘못 이해하기 쉽습니다. 권력자들은 이러한 대리인의 충성심을 관리하고, 필요한 경우에는 도태시킵니다. 라 보에시는 폭군이 권력을 유지하는 이러한 과정을 잘 설명하고 있습니다. 요즘 흔히 말하는 꼬리 자르기입니다.

이러한 권력과 압제의 메커니즘은 제국주의 시대 제국주의 국가와 피지배국가 간의 관계에서도 잘 나타납니다. 제국주의 시대에 대리인은 피지배 국가(식민지 국가)의 출신이 주로 담당합니다. 대리인은 제국주의 국가의 지배 정당성을 끊임없이 정당화하고 스스로 그 정당성을 내재화시킵니다. 그리고 그로 인한 물적, 재정적 혜택을 받습니다.

이러한 자들은 자녀들에게 그 정당성을 의식 속에 이식할 수 있도록 끊임없이 교육합니다. 우리나라에서 친일파의 후손들이 친일적 성격을 지금도 가지는 것은 전혀 놀라운 일이 아닙니다. 그들에게 친일을 부정하는 것은 부모와 자신의 정당성을 부인하는 일이 되기 때문입니다.

한번 각인된 사고의 틀은 쉽게 바뀌지 않습니다. 교육은 라 보에시의 말대로 스스로의 현실을 정당하고 당연한 것으로 인식하도록 합니다. 한국의 경우 36년간은 1세대 이상입니다. 지금도 우리에게 깊게 영향을 미치는 이유입니다. 영국으로부터 89년간 (1858~1947) 식민지 국가를 경험한 인도의 경우에도 영국의 영향력과 깊은 곳에 자리 잡은 식민 의식은 여전히 존재하고 극복해 나아가야 할 문제입니다. 인도의 사회학자인 아시스 난디Ashis Nandy는 『친밀한 적』에서 다음과 같이 말합니다.

"영국의 식민 통치자들은 인도인을 더욱 문명화해야 하는 야만인으로, 자신들은 진보의 동인이자 사명의 실천자라 했다. 반면에 다수의 인도인은 영국인들과 친구 혹은 적이 되는 것과는 무관하게 그들과 비숫해지는 데에 인도의 구원이 있다고 보았다."

선진국 일본과 후진국 조선의 역할과 운명에 대한 이원화된 논리는 일제의 식민주의를 정당화합니다. 식민주의 이데올로기는 역사의 단절을 말하며 문화의 연속성을 부정합니다. 아시스 난디의 말을 다시 인용하면 문명화한 인도는 '지나간 과거'에 속하며, 그 과거의 인도는 현재는 죽어서 '박물관에 안치됐다'는 것입니다. 한마디로 병들고 시대에 뒤떨어진 나라를 새로운 살아있는 나라로 만드는 역할을 일본이 했다는 주장과 같습니다.

역사나 교육에서도 식민사관이 오랫동안 논쟁이 되는 이유는 그 속에서 이득을 얻고, 소위 풍족한 삶을 영위했던 계층이 해방 후 지배 계층으로 전환되면서(일부는 토지 개혁과 전쟁 등으로 변화되었지만) 정당성과 기득권을 유지하고자 했기 때문입니다. 그리고 그들 중 상당 부분은 일본에서 미국으로 재빨리 주인의 대상을 교체했습니다. 공산주의와 자유주의라는 이념의 대결도 교체의 명분을 더해 주었습니다.

오랜 식민지 경험은 역사의 단절을 강요하고, 열등감을 불어넣습니다. 영국으로 유학하여 영국 제국주의를 배우고 온 일본의 메이지 유신의 주역들은 이러한 영국의 통치 방식을 답습하려고 했습니다. 한글 사용 금지, 역사 왜곡, 일본의 우위성을 조직적이고 체계적으로 더욱 집요하고, 억압적으로 드러내는 방식으로 이루어졌습니다. 이러한 영향은 현재도 우리에게 사회, 의식 전반에 의식적이든, 무의식적이든 뿌리 깊은 영향을 미치고 있습니다.

라 보에시가 이러한 문제를 해결하는 근본적인 방법은 '시민의 깨어 있음'입니다. 라 보에시는 이러한 상황에 대한 스스로의 자각만이 근본적인 문제의 해결을 할 수 있다고 생각합니다. 그러나 이러한 자각과 행동은 생각만큼 쉽지는 않습니다. 우선 앞장서야

하는 부담감은 있지만 그에 대한 대가는 크지 않습니다.

시민 운동은 개개인의 이러한 문제에 대한 접근의 어려움을 집단으로 행동하고자 하는 계기에서 비롯되었습니다. 시민 운동은 적극적인 사회참여 요구를 실현하면서 새로운 정치 조직으로 변화하였습니다. 참여와 변화에 대한 열망, 사회 주체로서의 인정에 대한 욕구도 정치 개입을 활성화했습니다. 그러나 오늘날의 시민 운동은 스스로 권력의 하수인이 되거나, 권력을 집단화하고자 하는 잘못된 방향을 추구하면서 원래의 목적과 방향을 많이 상실하였습니다. 오스트리아 철학자 이졸데 카림은 이러한 현상에 대하여 적절하게 지적하고 있습니다.

"여기에 대해 독일의 철학자 페터 슬로터다이크 Peter Sloterdijk는 분노 은행이라는 멋진 개념을 통하여 현재의 문제를 지적하고 있습니다. 분노 은행이란 좌파 대중 정당에 적용되는 개념입니다. 사람들은 자신들의 감정들, 자신들의 분노를 좌파 정당에 맡겼고, 은행들은 그들의 예금을 관리할 뿐 아니라 잘 활용하여 키우겠다고 약속했기 때문입니다. 그러나 슬로터다이크에 따르면 분노 은행들은 믿고 맡긴 예금을 탕진했습니다.[60]"

분노 은행이란 개념은 유럽이든 우리나라든 모든 정치 조직에 적용해도 틀리지 않습니다. 우리나라의 촛불 혁명이 그렇습니다. 촛불 혁명이 만들어 낸 정치 조직은 우리가 맡긴 예금을 너무 많이 탕진해서 이제는 예금을 맡길 의지조차 무너졌습니다. 다시 그 열기를 되살리는 데는 시간이 한 참 걸리겠다는 생각이 들면 분노가 일어나기조차 합니다.

---

60) 이졸데 카림 지음, 이승희 옮김, 『나와 타자들』, 민음사, 2019, p.190.

노동조합도 오늘날 많은 문제점을 갖고 있습니다. 우리나라의 노동조합 조직률은 15% 내외에 불과하고 대기업의 노동조합은 동일 노동을 하는 하청업체 노동자들과의 연대와 협력은 잘 되고 있지 않습니다. 이는 노동자 간 양극화와 분열을 만들어 냅니다. 사회의 변화와 혁신을 이끌어 가기보다는 집단 이기주의 조직으로 상당 부분 변질되었습니다.

세계화된 권력의 사슬

이 책은 권력에 대한 화두를 우리에게 던지고 있습니다. 라 보에시는 훌륭한 업적을 쌓아서 다수의 지지를 통하여 권력을 장악한 경우, 처음과는 달리 다수의 의지와 기대와는 다르게 폭군으로 변하는 자에 대해서도 예를 들어 설명하고 있습니다. 한 사람이, 한 국가가 계속 다수의 지지를 받는 권력을 창출하는 것은 쉽지 않습니다.

폭군이 권력을 유지하기 위해서는 이를 뒷받침하는 세력이 있어야 합니다. 권력 집단의 네트워크는 권력을 지탱하는 힘입니다. 이러한 권력 중심의 네트워크에서 옳고 그름은 중요하지 않습니다. 폭군의 정당성이 확보되지 않은 상태에서 폭군에 기대어 권력과 부를 누리는 자들은 무엇보다 권력자의 마음을 읽어내고자 노력합니다. 본인의 생각은 없어지고 폭군의 생각이 곧 본인의 생각이 됩니다. 이는 본인의 자유 의지의 상실, 즉 자발적 노예들입니다. 그 대가는 아래로 향하는 권력의 향유라 할 수 있습니다. 예카테리나 대제의 일화[61]가 바로 그 핵심을 말해줍니다. 그녀는 노예들이 뒤에서 술과 음식을 훔치고 심지어 자신을 조롱한다는 것을 알았을 때에도 그저 미소만 지었습니다. 가끔씩 향락의 부스러기를 떨어뜨려 줘야 그들이 계속 노예 자리를 지킨다는 것을 알았기

---

61) 슬라보예 지젝, 주성우 옮김, 『멈춰라, 생각하라』, 와이즈 베리, 2012, p.100.

때문입니다. 그러나 이러한 권력의 향유는 지속될 수 없으며, 폭군의 의지에 반하는 순간 바로 도태되거나 추방당합니다. 권력자 스스로도 본인의 권력을 유지하기 위해서는 이러한 네트워크가 필요하고, 권력자의 힘을 빌어 권력을 행사하는 것을 알고 있습니다. 독재자는 이러한 네트워크를 교체함으로써 다수의 관심을 돌리고, 권력을 계속 유지하고자 합니다. 이러한 과정에서 권력 투쟁이 발생하기도 합니다.

이러한 권력 네트워크의 부패 사슬은 국제 관계에도 투영됩니다. 최근 국제 관계를 보면 미국과 유럽에서 자주 등장하는 말이 '규칙 기반 질서Rules-Based Order'입니다. 규칙 기반 세계 질서는 미국 외교의 1원칙인 미국 예외주의American Exceptionalism가 뒷받침했습니다. 미국 예외주의는 미국이 정치·경제·사회·역사 등 모든 부문에서 다른 국가와는 구분되는 특별함을 갖고 있다고 믿는 신념으로 그러한 신념에 기초하여 국제 사회에서 구속력을 가지는 여러 가지

조약이나 관습법에 대해 '미국만큼은 예외적 특례를 적용받아야 한다'라는 주장입니다.

이러한 미국의 패권국으로서의 확고함은 2차 대전 이후 미국의 민주주의에 대한 동경과 열망, 여기에 미국의 달러 패권을 포함한 경제와 군사력 등이 이를 뒷받침했습니다. 많은 국가가 미국을 본받고자 했고 미국의 주장을 인정해 왔습니다. 패권국이 타 국가의 인정을 받고 확장성을 갖기 위해서는 관계된 국가의 자발적인 동의가 우선되고, 패권국의 행동이 상호 이익이 되는 방향으로 이루어져야 합니다.

한병철도 『권력이란 무엇인가』라는 책에서 "공간을 창출하고 권력을 산출하는 것은 타자에 의한 정당화이다."라고 권력을 지속화하기 위한 전제 조건을 말하고 있습니다. 미국과 집단 서구Collective West가 강조하는 규칙 기반 세계 질서도 마찬가지입니다. 상호 이익과 동의가 우선되어야 합니다. 패권국이 영향력을 확대하기 위해 벌이는 대리전Proxy War이나, 아메리카 퍼스트처럼 한쪽의 희생을 강요하는 방향으로 움직이기 시작하면 패권국으로서의 공고한 위치를 상실하기 시작합니다.

다시 말해 규칙 기반 세계 질서가 강요당한 국가의 고통을 초래하고, 다른 나라로부터의 정당성을 인정받지 못하면 그 권력은 후퇴하게 됩니다. 패권국이 정당성을 상실하기 시작하면, 권력을 유지하기 위해 행할 수 있는 마지막 수단은 폭력, 즉 군사력밖에 없습니다.

패권국이 힘으로 패권을 유지하고자 할 때 동맹국이나 영향(력)이 있는 국가의 정치권력을 자신의 힘을 언제든 투사(投射)할 수 있는 권력으로 교체하고자 합니다. 도덕성이나 국민의 바람은 무시됩니다. 패권의 정당성이 사라지면서 자신의 힘을 항상 행사하기 위해 약점이 많은 자발적 노예를 선택하고, 그러한 사람들을 정치권력에 앉히고자 합니다. 여기에 정교한 언론의 지원이 이루어집니다. 나이지리아가 하나의 예입니다. 나이지리아에서 재산 축적에 많은 의문이 있으며, 가장 부유한 정치가 중 한 명으로 마약 거래 혐의가 있는 정치인이 대통령이 될 수 있었던 것은 서구의 지원과 묵인 때문입니다.[62] 우리나라와 일본도 예외가 될 수 없습니다. (나쁜) 권력은 끊임없이 자신을 정당화하고, 이를 유지하기 위하여 수단과 방법을 가리지 않습니다. 그러나 역사를 돌이켜 보면, 힘의 강요에 의한 권력의 확대는 오래 지속될 수 없습니다. "권력은 총구에서 나오지 않는다."라는 한나 아렌트의 말을 기억할 필요가 있습니다.

로마 제국이 제국으로서 오랫동안 유지될 수 있었던 이유는 다양성을 받아들이고 포용하는 문화와 정

=================

62) 이에 대해서는 영국 BBC 기사를 참고(Bola Tinubu - the 'godfather' who has been sworn in as Nigeria's president, 2023.5.30.).

신이 있었기 때문입니다. 기라타니 고진도 "제국은 단순히 군사적 정복에 의해 형성되는 것이 아닙니다. 그것을 위해서는 많은 국가가 적극적으로 복종할 의사가 있어야 합니다."라고 제국의 포용성을 말합니다. 이러한 포용성은 제국의 존재와 제국의 가치가 제국 주변의 국가에 긍정적인 가치를 전달하기 때문에 이루어집니다.

최근 발생한 러시아-우크라이나 전쟁은 미국과 나토의 세계 패권의 마지막 보루인 군사력에 대한 절대적 신뢰가 무너지기 시작했음을 말해주고 있습니다. 세계 권력 중심의 흔들림, 기존 권력에 대한 반발과 대립은 세계 패권(권력)의 다극화라는 새로운 길을 열게 됩니다. 미국 중심의 세계화는 특수성의 상실이었습니다. 세계화의 물결 속에서 처음에 미국과 서구의 대중문화와 소비문화는 자유스러움이었고, 더 나아가 권위에 대한 도전으로, 새로운 민주 사회에 대한 희망으로 인식되었습니다. 아메리카는 꿈의 대륙

이었고, 당시는 미국 자체가 보편성을 갖는 시대였습니다, 이것은 미국의 패권을 확고히 하는 기반이 되었습니다. 그러나, 점차 세계화가 가져오는 폐해가 드러납니다. 그동안의 세계화는 미국과 서구의 이익을 극대화하면서 국가 간 양극화를 더욱 확대하였습니다. 세계화의 물결에 휩쓸렸던 국가들은 세계화가 국내 문화와 경제를 파괴할 수도 있음을 깨닫기 시작합니다. 국제노동기구가 설립한 세계위원회는 2004년 세계화에 대하여 "현재의 세계화 과정은 각 국가 간은 물론 국가 내부적으로도 불균형적 결과를 양산하고 있다. 부가 창출되고는 있지만, 그 혜택을 받지 못하는 국가 또는 국민이 태반이다."라고 언급하며 문제를 지적하고 있습니다.

다극화는 단순히 권력의 분산이 아닙니다. 그것은 특수성의 회복이기도 합니다. 달리 말하면 특수성의 보편화(우리나라의 『오징어 게임』, 『기생충』처럼)입니다. 정치, 경제, 문화 등 모든 영역에서 각 국가가 역사와 문화로 갖고 있는 다양성을 존중하고 상호 교차하면서, 인정하는 과정이 다극화 과정입니다. 기존의 세계화가 일방적으로 한쪽에만 문을 열어놓았다면, 다극화는 다양한 문을 개방하는 새로운 열린 세계를 의미합니다. 인도와 아프리카, 동남아시아 등 소위 글로벌 사우스Global South들이 자각하고 있으며, 새로운 역동성으로 세계 무대에 등장하고 있습니다. 다극화되는 과정에서 기존 질서와 새로운 질서와의 충돌의 가능성은 항상 존재합니다. 강대국에 둘러싸여 있는 우리에게는 기회가 될 수도 있고, 자칫 혼란의 소용돌이에 휘말려 들어갈 가능성도 있습니다. 우리 모두 새로운 인식과 자각이 필요한 시대입니다.

놀이가 자유를 억압하는 수단이 될 때

라 보에시는 축제를 포함한 놀이 문화가 정치의 한 수단으로 활용되는 경우를 키루스 대왕, 네로, 카이사르 등의 역사적 사례를 들어 제시하고 있습니다.

그는 그것들이 궁극적으로 백성들을 어리석게 만드는 술책이라고 합니다. 놀이를 통하여 정치적 무관심을 만들고 지배체제를 굳건하게 하는 통치 행위의 역사는 깊습니다. 그러나 놀이는 인간 사회의 기본적인 생활양식이라고 볼 수 있습니다. 『호모 루덴스(놀이하는 인간)』에서 요한 하이징아는 놀이의 사회적 기능의 중요성을 잘 표현하고 있습니다.

'놀이는 일상생활 중에 나타난 하나의 간주곡이다. 놀이가 정기적으로 발생하는 긴장 이완의 형태가 될 때, 생활 전반의 동반 요소, 보완 요소, 나아가 필수 요소가 된다. 그것은 인생을 장식하고 풍요롭게 한다. 그런 의미에서 개인과 사회의 필수품이 된다.'

그러나, 놀이가 간주곡에 머무르지 않고, 생활 자체가 되어 버리면 사회는 퇴보합니다. 더 나아가 놀이 문화가 중독 현상으로 사회화(마약, 스포츠, 도박, 섹스 등)되면 그 사회는 타락하게 됩니다. 거기에 정치에 대한 무관심과 사회 변화에 대한 무기력이 더해지면 사회는 더 이상 나아가지 못하고 불행해집니다. 우리나라에서 80년대 군부정권이 집권하면서 추진했던 놀이 문화의 확산을 통해 정치의 무관심을 이끌고자 했던 다양한 사례들, 이를테면 국풍 81이나 프로야구 도입 등도 정치적 목적의 놀이 문화 확산의 예입니다. 이러한 사례는 지금도 계속되고 있다고 할 수 있습니다. 다양한 놀이가 외적으로 강제되지 않고 자발적으로 일상생활의 활력소로, 간주곡으로 자리매김할 때 사회는 건강해집니다.

우리는 스스로 자유로운가?

라 보에시는 모든 시대에 노예 상태는 인간에게 쓰리고 자유는 소중하다고 합니다. 라 보에시는 이를 소小 카토의 용기에 대비하여 설명하고 있습니다. 카토는 스토아 철학자이며, 로마 공화정을 수호하기 위하여 노력한 인물입니다. 독재에 맞선 카토에 대하여 로마의 시인 호라티우스[63]Horatius는 "온 우주가 무릎을 꿇었으나 불굴의 영혼 카토는 아니었다."라며 칭송합니다. 몽테뉴는 이 인물에 대하여 "인간의 덕성과 굳건함이 어디까지 이를 수 있는지를 보여 주기 위해 자연이 선택한 진정한 모범이었다."라고 극찬합니다. 자유를 지켜 나가는 것은 쉽지 않습니다. 자유는 우리 존재의 진정한 드러냄이라 할 수 있습니다. "자유는 인간의 가장 높은 본성과 관계되는 것이기 때문에 완전하게 주어지지 않으면 안 된다."라는 김수영 시인의 말을 기억할 필요가 있습니다.

라 보에시는 자유는 자연이 우리에게 부여한 권리이며, 인간 본성에 내재된 원초적인 것이라고 말합니다. 그래서 자유가 없는 삶은 비참하며 삶의 의미를 상실하게 하기도 합니다. 인류의 역사는 자유를 찾기

---

63) 로마의 대표 시인 중 한 명(기원전 65년~기원전 8년), 카르페 디엠 (Carpe diem, 영어로 Seize the day는 '오늘을 즐겨라', '현실에 충실하라'라는 뜻임)으로 유명하다.

위한 몸부림이기도 합니다. 자유는 단지 지배 계층과 피지배 계층 사이의 관계에서만 이루어지는 것은 아닙니다. 모든 국가, 사회, 조직에서 자유의 문제는 여전히 중요한 테제입니다. 라 보에시는 폭군이 지배하는 국가에서 우리 스스로 자각하고 불복종을 실행한다면, 우리가 처한 노예 상태를 벗어날 수 있다고 합니다. 그러나, 라 보에시도 인식하고 있듯이 권력의 네트워크가 그물처럼 얽혀진 상황에서 개인의 용감함만으로 극복하기에는 한계가 있습니다. 지금도 노예 상황에 대한 자각과 이를 극복하기 위한 다양한 정치 행위(시민사회 조직화, 대안 정당 등)는 계속되고 있습니다. 정치적 노예 상태는 현상으로 직접 보이고, 오랜 역사를 통하여 극복하는 다양한 노력을 한 경험이 많습니다.

한국에서 정치적 자유를 위한 투쟁은 80년대에 정점에 이릅니다. 슬라보예 지젝은 "인간은 자신의 존재 자체를 걸 때에만, 그 외에는 다른 방법이 없을 때에만 진정으로 자유로운 선택을 한다."라고 말합니다. 80년대의 자유는 실존적인 문제였습니다. 그러나, 거기까지였습니다. 더 이상 나아가지 못하고 상당 부분 진보는 80년대에 박제(剝製)되어 있습니다. 보수도 여전히 냉전 시기 이데올로기에 갇혀 있습니다. 진보와 보수의 지배 엘리트가 과거의 의식 속에 머물게 되는 이유는 과거 삶의 궤적과 의식이 현 상황(자신의 권력을 향유할 수 있는)을 유지하는 데 유리하기 때문입니다. 그리고 그들은 능력주의, 거기에 학력이 곧 능력이라는 대학의 서열화, 직업(능력) 세습, 부가 세습되고 고착화되는 상황을 방관합니다. 아니 오히려 기꺼이 누리거나 그 혜택을 받습니다. 그러는 사이 이 사회는 헤어날 수 없을 것처럼 보이는 불평등의 늪에 빠지고 있습니다. 소설가 김훈은 이 같은 현상을 날카롭게 지적합니다.

"사회 전체가 감당해야 할 고통의 몫을 골고루 나누어서 짊어져야 한다는 정치 구호는 아름답다. '고통 분담'은 IMF 위기를 통과하는 슬로건으로서 나무랄 데 없이 정의로웠다. (그러나) IMF 위기는 오히려 '고통 전담'의 방식으로 전개돼 왔고 빈부의 격차는 벌어져서, 가난은 세습의 굴레를 벗어나기 어렵게 되었다."

IMF 위기, 금융위기, 코로나 위기 등 위기가 올 때마다 빈부의 격차가 확대되고 있습니다. 많은 사람이 수단과 방법을 가리지 않는 각자도생만이 살길이라고 느낍니다. 당장 다가오는 또 다른 경제 위기는 그나마 있는 중산층을 해체하고, 이 사회를 부자(富者)와 빈자(貧者)라는 양극단의 계층으로 가속화할 우려도 있습니다.

오늘날 보이지 않는 주인과 노예의 관계는 경제에 있습니다. 역사적으로도 정치적 노예 상태의 근간에는 경제적 욕구와 밀접하게 연관되어 있었습니다. 오늘날 경제적 억압 사슬은 세계화되어 있으며, 너무나 정교해져서 이를 찾아내서 극복하기가 쉽지는 않습니다. 이제 자본이 주인이 되는 시대가 되었는지 모릅니다. 자본은 국제화(언제든 이동이 가능하다)되어 있는 반면, 노동은 국내에 한정되어 있습니다. 자본과 노동의 대립 관계에서 노동은 열등한 지위에 있습니다. 자본은 서플라이 체인Supply Chain, 가치 사슬Value Chain을 통하여 최적의 노동을 찾아냅니다. 서플라이 체인의 최정점을 달리는 다이소의 물건 가격을 보면 너무나 저렴하여 '그 가격에 과연 제품을 생산할 수 있을까' 하고 놀랄 때가 적지 않습니다. 자본이 추구하는 최적의 효율성이라는 명제 앞에 노동의 가치는 점점 설 자리를 잃고 있습니다. 노동은 극심한 성과주의에 내몰려 있습니다. 한병철은 『피로사회』에서 "성과 주체는 성과의 극대화를 위해 강제하는 자유 또는 자유로운 강제에 몸을 맡긴다. 과다한 노동과 성과는 자기 착취로까지 치닫는다."라고 말하며 성과주의로 개인이 파편화, 원자화되는 현실을 지적하고 있습니다.

독일의 사회학자 하인츠 부데Heinz Bude도 "고도의 생산성에 따라 작동하는 생산 구조는 노동자를 날마다 쓰러지기 일보 직전까지 몰아붙인다. 왜냐하면 노동자를 압박하는 것이 성과를 올릴 수 있는 유일한 길이기 때문이다. 노동자들의 인정(認定) 투쟁은 마치 주인을 지키는 경비견의 위치와 노예의 위치 사이에서 힘들게 싸우는 듯한 모습이다."라며, 택배 노동자 등 단순 서비스업에 종사하는 사람들이 항상 불안한 심리 상태에 있다고 말합니다.

한국은 그동안 고속 성장 과정에서 정치적 자유는 확대되었지만, 개인의 경제적 자유는 축소되고 있다고 볼 수 있습니다. 소득 격차는 확대되고 있으며, 가난은 차별과 모멸이 되었습니다. 지금도 확장되고 있는 아파트 공화국의 지속은 돈이 최고라는 탐욕 자본주의의 극단으로 우리 사회가 내몰리고 있습니다. 한국은 자살률과 우울증 모두 OECD 1위 국가가 되었으며, 10명 중 4명 가까이 우울증에 시달리고 있어

마치 한국 사회가 거대한 정신병동이 되어가고 있음을 말해줍니다. 투기와 탐욕으로 얼룩진 우리 사회는 땀의 가치와 성실함의 덕목을 잃어버리고 있습니다. 성과주의에 따른 피로로 개인은 좌절감을 넘어서 한편은 내면의 우울감으로 향하고, 다른 한편은 사회에 대한 공격과 불신으로 이어지고 있습니다. 이런 사회는 미래를 담보할 수 없습니다. 경제적 노예 상태에서의 벗어남, 즉 경제적 자유가 중요합니다. 이 경제적 자유가 정치적 억압을 극복하고 미래에 대한 희망의 불씨를 되살릴 수 있습니다.

지금 어디서 시작할 것인가?

쾌도난마(快刀亂麻)처럼 모든 문제를 한꺼번에 해결할 수는 없습니다. 사회 주체가 문제를 인식하고, 얽히고 얽힌 문제의 실타래를 하나씩 풀어나가는 용기와 노력이 필요합니다. 미래에 대한 희망이 사라지면 사회는 무기력에 빠집니다. 에리히 프롬Erich

Seligmann Fromm은 자유는 "피곤한 사람, 절망에 빠진 사람, 염세주의자는 자유에 도달할 수 없다. 열정적인 사람만이 자유로울 수 있다."라고 말합니다. 시몬 베유Simone Adolphine Weil는 "인간은 자각에 이르는 만큼만, 현실을 인식하는 만큼만 자유로워진다."라고 말합니다. 자유를 위한 열정을 되살리면서 현실 인식과 자각이 우선되어야 합니다. 스스로의 각성과 깨어남, 희망의 사다리 복원, 자유를 향한 새로운 도전과 자리매김을 시작해야 할 때입니다. 근대를 알리는 르네상스가 천 년 전 그리스·로마 시대를 소환한 것처럼, 새로운 시대에 대한 열망과 개인의 자유에 대한 시대정신이 필요합니다. 그 시작은 이러한 현실을 만든 기성세대의 몫입니다.

참고 문헌

ÉTIENNE DE LA BOÉTIE, 『Discours de la servitude volontaire』, Traduction en français moderne et préface de Séverine Auffret, Édition Mille et Une Nuits

ÉTIENNE DE LA BOÉTIE 『THE POLITICS OF OBEDIENCE: THE DISCOURSE OF VOLUNTARY SERVITUDE』, Introduction and footnotes copyright © 1975 by Murray N. Rothbard Originally Published in Canada by Black Rose Books, Montreal This edition © 2008 by the Ludwig von Mises Institute

エティエンヌ・ド・ラ・ボエシ著, 『自発的隷従論』, 山上 浩嗣 訳, 西谷 修 監修, ちくま学芸文庫, 2021

기라타니 고진, 『제국의 구조』, 조영일 역, 2016

김훈, 『라면을 끓이며』, 문학동네, 2015

미셸 드 몽테뉴, 『에세1, 2, 3』, 심민화·최권행 역, 민음사, 2022

베르길리우스, 『아이네이스』, 천병희 역, 숲, 2022

슬라보예 지젝, 『멈춰라, 생각하라』, 주상우 역, 와이즈베리, 2013

아시스 난디, 『친밀한 적』, 이옥순·이정진 역, 창비, 2015

에리히 프롬, 『나는 왜 무기력을 되풀이하는가』, 장혜경 역,

나무생각, 2020

요한 하이징아, 『호모 루덴스』, 이종인 역, 연암서가, 2020

이졸데 카림, 『나와 타자들』, 이승희 역, 민음사, 2019

조지프 스티글리츠, 『인간의 얼굴을 한 세계화』, 홍민경 역,

21세기 북스, 2008

하인츠 부데, 『불안의 사회학』, 이미옥 역, 동녘

한병철, 『권력이란 무엇인가』, 김남시 역, 문학과지성사, 2016

한병철, 『피로사회』, 김태환 역, 문학과지성사, 2012

자발적 노예론
우리 시대의 자화상

초판 1쇄 발행 2024년 8월 19일

지은이   에티엔 드 라 보에시
옮긴이   조경식
펴낸이   신성모
펴낸곳   북&월드
디자인   스튜디오 나란
신고번호   2020-000197
주소   경기도 고양시 덕양구 토당로 123 대림아파트 208동 206호
전화   010-8420-6411
팩스   0504-316-6411
e-mail   gochr@naver.com

ISBN   979-11-982238-7-6